統合化された
知的資産マネジメント

組織の知的資産を活用、保護するための
ガイドブック

原著者　スティーブ・マントン
翻訳監修者
東京工業大学大学院イノベーションマネジメント研究科技術経営専攻准教授
吉備国際大学客員教授　田中　義敏
東和国際特許事務所所長弁理士　津野　孝
株式会社ワイゼル代表取締役　榊原　良一

翻訳者
フリーランス翻訳者　屋代　菜海
東京工業大学大学院イノベーションマネジメント研究科技術経営専攻　佐々木　一

社団法人　発明協会

訳者はしがき

　私は、年初になると、前年の知的財産関連のすべての洋書をチェックする。従来は、知的財産権関連書籍というと、もっぱら知的財産権法に関する書籍が大半であったが、このところの傾向としては、法律の解説書ではなく、知的財産を活用したマネジメントに関する書籍が目立つ。この点、和書でも欧米には遅れるものの徐々に目立ちつつある。また、一言で、知的財産マネジメントといっても、大きく二つに分けることができる。一つは、知的財産の専門領域の中で知的財産権をどのようにマネジメントするかというものであり、もう一つとしては、知的財産を企業経営の中でどのように位置づけるべきかを解説したものである。そんな中で、目に留まった逸材が、スティーブ・マントンが著した本書「統合化された知的資産マネジメント」である。彼は、かつて巨大多国籍企業の知的財産部門のヘッドとして、企業内で知的財産をいかに活用していくかに腐心した経験を持つ。本書においては、その経験をもとに、意思決定、戦略、方針と説明責任、ナレッジマネジメント、社員と行動、目標と指標といった経営指標の概念から知的財産活動への落とし込みをしながら、企業の保有する知的資産をどのように保護活用していくかを解説している。

　さて、わが国産業の持続的成長および国際競争力の向上に向けて、イノベーションの創造、産学官連携、IT活用による生産性の一層の向上、グローバル化への積極的な対応など、国を挙げた各種施策が展開されている。さらに、知財立国実現による国際競争力強化に向け、知的財産を戦略的に創造、保護、活用していくことが国家目標に掲げられ、知的財産戦略本部のもとに具体的推進計画が実行されている。わが国における知的財産の創造、保護は、米欧と並び世界のトップレベルとなっているものの、知的財産の活用面ではさらなる飛躍が求められている。特に、知的財産戦略を企業経営に密着させ企業の成長・強化に役立てていく仕組みが必要である。

従来、知的財産部門の役割というのは専門家集団としての出願から権利化に向けた個別具体的な仕事に限られていた。各企業は知的財産経営を標榜し実践する上で、既存業務の見直しだけでなく、経営機能と知的財産部門の活動を密接に関連づける意義を理解する必要がある。

　知的財産制度は、知的財産の創出に投資した者に対し一定期間独占排他的権利を付与し、知的財産の保護を図り、一層の研究開発活動を促し、ひいては産業の発展に寄与する役割を担っている。しかしながら、この基本的意義に加え、知的財産に関連する各種の知的財産活動には、優秀な人材の確保、研究開発従事者のモチベーションの向上、法的枠組みで保障された適正な技術導入、品質の高い知的財産管理に必要な先行技術情報の収集と活用など、知的財産制度に付随した意義、役割は幅広い。

　企業規模の拡大に伴い発展してきた経営学および組織発展論に基づく機能組織への分化の前提には、全社の企業目標の実現に向けた各機能部門間の連携が要求される。企業内での連携に限らず、顧客や取引先との関係、海外企業、政府、地方自治体、最終消費者までも含めた幅広い連携をもとに企業は成長し市場のニーズに応えていくことができる。企業の総体的なライセンス戦略はもとより、産学官連携に表象される知的財産戦略におけるオープン・イノベーションの機運が高まるなか、知的財産部門が高い次元でかつ能動的な機能を果たす役割は大きい。

　海外市場において、わが国企業の製品模倣が大きな問題となっている。また、従来の産学官連携に加えて国際的な産学官連携の必要性も求められている。グローバル化社会の中での純然な研究開発活動やイノベーション・マネジメントの側面のみならず、国際関係のバランス面、グローバルな市場環境における相互作用の観点から連携のあり方を再構築する必要があり、その意義を理解する姿勢が必要である。

　企業内の各部門が経営目標の実現に一丸となって協力し、各部門の所掌する業務を進めていくことの必要性は、知的財産部門に限ったことではなく、どの部門についてもいえることであろう。企業トップは個別最適を優先させてき

た各部門において、経営資源である個々の知識や技能を全体システムの効果的業務フローと有効に組み合わせる啓発活動の促進を重視している。しかしながら、この当たり前のことが、知的財産という専門的要素が高い部門では必ずしも適正に行なわれていない場合が多い。その理由の一つには、知的財産部門の専門性が連携の阻害要因となっていることが挙げられる。特許法、実用新案法、意匠法、商標法、著作権法、不正競争防止法という法律が知的財産実務の前提として存在していることである。法律が前提となる部門は、もちろん知的財産部門に限らず、品質管理部門、環境部門、人事部門など、企業内の他の部門にも同様の状況が存在するが、知的財産実務は特に法律との密着度合いが強いといえる。また、専門領域での長年の経験ゆえ、連携に必要なスキルの訓練が不足しがちなことも影響しているかもしれない。二つ目の理由としては、知的財産部門が、調達、製造、流通、販売、マーケティングなどの部門が構成するビジネスラインに関与しづらいことである。顧客からの要求が知的財産部門に及ばないがゆえに、他部門との連携に切迫感が持てないことも連携の阻害要因となっている。

　知的財産戦略を企業経営に貢献できるものとするためには、取得した知的財産権の権利活用の促進のみに留まらず、企業内で創造される知的財産に関係するあらゆる知的財産活動をいかに企業経営に有機的につなげていくかが大きな課題である。連携のコンソーシアムといった手段が協働マーケティングの一手法として、戦略的組織づくり・人事機能構築とその運用にもたらす意義は大きい。企業内ネットワークの構築は、現場での個の自発的な問題解決や多様な視点での提案を促し、企業の総体的な機動的判断を機能させる組織力となり得る。企業が抱えるビジョン・目標の実現に向かって、知的財産部門が、研究開発、営業、マーケティング、製造などの各機能部門に対して有機的・機能的連携を追求し、インテグレートされた一連の仕組みを構築していくことがさらなる飛躍に重要なのである。知財立国に向けた一連の政策の結果として、また、社会経済のグローバル化に呼応して、知的財産に関する活動の幅は急激に拡大しており、知的財産部門が企業の競争力強化に貢献すべく大きな期待が寄せられて

おり、知的財産部門と他部門との連携を図り、真に知的財産を企業の成長と強化に役立てることのできる体制整備をしていくことが必要である。

　企業経営者と知的財産部門の人間とは、日ごろ使う言葉が異なるとよく聞く。知的財産の専門用語ゆえ、また、ビジネスラインとの距離ゆえ、経営者に知的財産の活動を理解してもらう難しさがあるという声も聞く。知的財産部門が企業の全社目標を共有していくためには、知的財産活動がどのように全社目標の達成に位置づけられ貢献していくのかというメカニズムを理解することが必要である。

　本書は、企業の競争力強化および企業目標への知的財産部門のさらなる活躍を望んでいる方々が、さらなる発展のきっかけを摑んでいただくのに好適なものと確信しています。企業経営者の方々に対しては、経営の視点から知的財産活動への落とし込みのお役に立てると思う。また、知的財産部門の方々は、日ごろの活動を経営会議に提案するためのきっかけを見いだすことができると思う。ぜひ、じっくりと『統合化された知的資産マネジメント～組織の知的資産を活用、保護するためのガイドブック～』を味わっていただきたい。

　本書を読破され、知的財産活動が企業経営に近い存在になり、企業の成長と強化に貢献し、わが国産業の国際競争力強化に大きく貢献すること、さらに、読者の皆さま方をはじめ関係諸兄の益々のご発展を心より祈念する。

　最後になりましたが、本書の出版にあたり多大なご協力をいただいた発明協会の皆さま方に深く感謝申し上げます。

　　　　　　　　　　　2007年11月

翻訳監修者代表
東京工業大学大学院イノベーションマネジメント研究科技術経営専攻准教授
吉備国際大学客員教授　　田中　義敏

目　次

訳者はしがき
序文

第1章　イントロダクション………………………………………… 1
　　　　意思決定
　　　　戦略
　　　　方針と説明責任
　　　　社員と行動
　　　　目標と課題
　　　　マネジメントプロセス

第2章　背景…………………………………………………………… 5
　　　　定義
　　　　知的資産マネジメントの最終目標

第3章　知的資産戦略………………………………………………… 9
　　　　「戦略」という用語の誤用
　　　　知的資産戦略の内容
　　　　差別化力と実現力のための戦略
　　　　ライセンス戦略
　　　　特許戦略
　　　　商標戦略

v

| 第4章 | 方針と説明責任 | 23 |

方針
説明責任
問題提起
方針遵守のモニタリングと説明責任の遂行

| 第5章 | 意思決定 | 29 |

ステージゲートプロセス

| 第6章 | 社員と行動 | 37 |

技術コンピテンシー

| 第7章 | 目標と課題 | 39 |

知的資産と事業戦略の連携
知的資産マネジメントの質
高次の目標設定－たゆまぬ改善
本社の役割とは

| 第8章 | ナレッジマネジメントプロセス | 47 |

情報の把握と共有
分類・タクソノミ・オントロジ
コミュニティ・オブ・プラクティス
ノウハウ・ギャップ
ナレッジ調査とナレッジ戦略
まとめ

| 第9章 | 情報マネジメントプロセス | 57 |

分類（クラス分け）

情報公開の承認
　　　情報の取り扱い
　　　情報の表示
　　　第三者情報の複製

第10章　パテントポートフォリオマネジメント ………………… 67
　　　意思決定システムの利用
　　　パテントレビュー
　　　インセンティブと障害
　　　特許マネジメントの諸問題

第11章　知的財産部門と知的資産部門のプロセス ……………… 83
　　　知的資産部門
　　　知的財産部門と知的資産部門の統合
　　　知的財産部門

第12章　知的資産計画プロセス …………………………………… 91
　　　標準的な知的資産計画
　　　知的資産の役割を理解する
　　　特許計画
　　　ソフトウエア計画
　　　ブランド計画
　　　知的資産計画－まとめ

第13章　グループ内での知的資産マネジメント ………………… 107
　　　所有権
　　　中央集権的な所有権：商標
　　　中央集権的な所有権：特許

vii

中央集権的な所有権：方法とデータ
　　　節税
　　　グループ内ライセンスの実務

第14章　ライセンス……………………………………………………125
　　　ライセンス戦略
　　　ライセンス部門
　　　ブランドのライセンス
　　　技術のライセンス
　　　交渉

第15章　契約………………………………………………………………141
　　　ライセンス契約
　　　大学との研究契約

第16章　知的資産の評価………………………………………………155
　　　金銭的評価
　　　評価指標
　　　評価－最終考察

第17章　デューデリジェンス…………………………………………171
　　　合併・買収・投資のデューデリジェンス
　　　デューデリジェンス——フリーダム・フォー・ユース

付録　知的財産権…………………………………………………………189
　　　特許
　　　登録意匠
　　　著作権と関連の権利

　　　　意匠権
　　　　商標
　　　　守秘義務違反法
　　　　ソフトウエア

図面リスト……………………………………………………………… 199

索　引…………………………………………………………………… 200

序文

　本書は野心的なものである。既存の事業プロセスや実務の中ですべての知的資産マネジメントを統合するフレームワークを提供し、知識と知的財産のマネジメントを一体化しようと試みるものである。

　知的資産マネジメント（IAM）に対するこの統合型アプローチの手法やツールは、年を経るごとに進化の道をたどってきた。しかし基本的な概念は、一つのケーススタディを用いて説明することができよう。このケーススタディでは、知的資産計画は、大規模な廃棄物処理工場の開発を補助するために準備されたものである。この調査を行った段階では、工場の概略設計は完了しており、詳細な設計図が準備段階にあった。

　知的資産計画の策定は、ごく標準的なプロセスに従ったものであり、数回のワークショップが開かれ、以下の項目が実施された。

- プロジェクト・サービス・製品のキーとなる知的資産を特定すること（例えば、ノウハウ・データ・ソフトウエアなど）；
- 商業上の機密性があると見なされる知的資産と、第三者の不正使用を防止するための行動（例えば、特許化、機密化など）を特定すること；
- 事業に決定的な影響を与える知的資産に対する脅威（例えば、キーとなる従業員の退職、第三者の防衛特許など）と、リスクを定量化、もしくは軽減する行動を特定すること；
- 企業内、もしくは外部で知識を交換するために取るべき行動を特定すること。

この調査の過程で明らかになったことは、

- 多くの設計上の特徴には特許化の可能性があり、関連する支出に対応して事業が成立するものであったが、特許保護は図られていなかった。さらに、

上級管理職がプロジェクトを革新的かつ画期的なものと見ていたため、プロジェクトは展示用とされ、多くの見込み客にこれら発明の詳細な情報を与えてしまっていた。
- 多くの設計上の特徴は明らかに組織全般で適用できるものであった。しかし、十分に開発されてはいたものの、これらの特徴は他の内部プロジェクトで共有されていなかった。レポートを共有するための企業全体のデータベースが確立されておらず、さらに、この種の設計を把握・普及するための能力マニュアルがあったが、特徴は共有されていなかった。
- 一般的に、プロジェクトの最も価値が高い「資産」は、顧客との緊密な取引関係であると判断されており、この関係が継続した仕事を獲得するために決定的な影響を持つと見なされていた。残念ながら、プロジェクトには多くの下請け業者が使用されており、これら業者が設計のすべての面に関与できるわけではないが、顧客と独自の契約を締結することも許されている。このプロジェクトでは明らかに、組織全体で商業上の機密性をいかに保つかについて、何らの指針も示されておらず、また下請け業者を使う場合、もしくは使わない場合の指針も示されてはいなかった。
- プロジェクトを承認・管理するための事業プロセスは、プロジェクトから知的財産計画を提出するように要求するものであった。しかし、プロジェクトマネージャもプロジェクトの承認担当者も、このような計画書に何を書くべきか知らなかった。さらに、両者とも目的に応じた計画を策定・実行する正式な説明責任を負っていなかった。

最終的に、これらの失敗の責任は主にプロジェクトの外部にあるといえる。
- 共有可能な知的資産や、保護が必要な知的資産をプロジェクトで特定するために、戦略的な指針が全く提供されていなかった。
- この企業の説明責任システムでは、知的資産マネジメントについての説明責任を定義していなかった。
- 研修が不適切であり、プロジェクトマネージャもプロジェクトの承認担当

者も、課題やキーとなる行動を特定する知的資産について十分な知識がなかった。
- この企業のナレッジマネジメントシステムは、要領が悪く不十分なものであり、このシステムを使用することに前向きにするものでもなく、またインセンティブを与えるものでもなかった。
- この企業の知的資産マネジメントの質の低さは、上級管理職や役員には分からないようになっていた。

結論として、この企業の既存の方針・戦略・説明責任・マネジメントプロセスの枠内では、知的資産マネジメントが適切に実行されていなかった。しかし、知的資産以外では、この企業のマネジメントフレームワークは堅実なものであった。明確な説明責任のフレームワークが存在し、プロジェクトの事業計画の安定性をチェックするシステムも構築されており、顧客に対するサービスの質も定期的にモニタリングされており、さらに従業員の技術力もチェックされていた。知的資産を処理できるようにこれらすべてのシステムを拡大することが可能であり、また、拡大するべきなのである。しかし何らかの理由で、この決定的な影響を持つ資産は無視されてきたのである。

Steve Manton
Managing Director
Intellectual Property and Asset Management
stevemanton@ip-am.co.uk

第1章　イントロダクション

　文書・意匠・ノウハウ・ソフトウエア・特許・商標などを「知的財産」と定義するか、「知的資産」と定義するかにかかわらず、多くの企業において事業の成功は、これらの保護・活用にかかっている。こうした資産は、競合他社による圧力の抑制、サプライチェーンマネジメント（SCM）の補助、ライセンス収入の創出、または生産性の向上などといったさまざまな役割を満たすために使用されるのである。

　従って、これら基盤となる知的資産をいかに管理するかが、企業が生み出す製品・サービスの質、そして企業としての成功までをも左右するというのは明らかである。それにもかかわらず、多くの企業は知的資産を製品・サービスのプロセスとは切り離して独立に管理しようとしている。

　このような「ボルトオン型」の事業プロセスを利用している企業では、知的資産ポートフォリオと企業戦略との連携を期待することはできない。実際のところ、これら知的資産のマネジメントを既存の事業プロセスや企業文化に完全に統合できた企業のみが、知的資産の創出・保護・活用に成功するのである。つまり、それぞれの知的資産に対するマネジメントの責任が細分化されてしまっている場合は、知的資産ポートフォリオを最大限に活用することはできないであろう。知的資産マネジメントに必要となる完全統合型のアプローチについて、図1.1と次ページ以降に示す6エリアに焦点を当てていく。

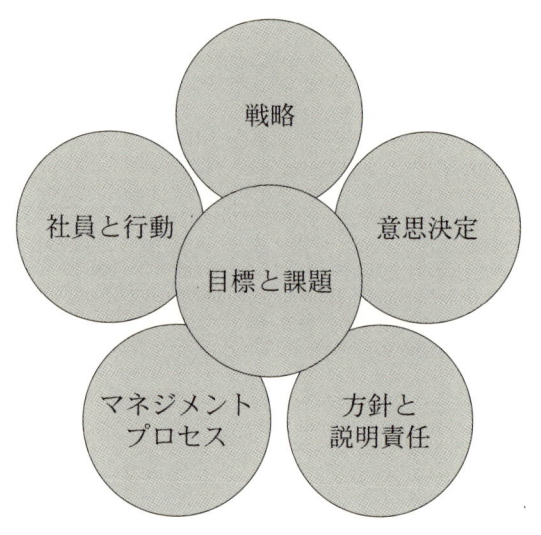

図1.1 統合型知的資産マネジメントにおける6つの要素

意思決定

　既存の意思決定の機構やシステム（プロジェクト承認や、入札ツールなど）は、利用可能な知的資産の充足度と資産マネジメントの質に関する情報を受け取り、双方を十分に考慮するものである。知的資産計画という形で行われるこの情報提出は、財務情報と全く同じ扱いで義務化されるべきである。企業内で目的に応じて知的資産計画を準備することが慣例化されていない場合、これを正式に意思決定システムに導入する必要がある。それにより、提出されるあらゆる情報に対して、明確な指針が与えられる。さらに、企業の説明責任に関するシステムでは、こうした計画の準備・検討・実行に対する責任を定義しておかなければならない。

戦略

　経営陣の知的資産戦略は、その企業内での知的資産の役割を定義するもので

ある。これにより知的資産戦略は、知的資産マネジメントの補助となり、さらに意思決定を導くものとなる。従ってこのような知的資産戦略は、以下の項目に対応していくものである。

- 企業のキーとなる差別化力と実現力を支えている知的資産をいかにマネジメントするか。
- ライセンスによってその知的資産から収益を得ようと努力しているか否か。得ようとしているのであれば、いかにしてその機会を実現していくか。
- いかにして商標を自社ブランドの保護・育成・活用のために用いるか。

方針と説明責任

　戦略は意思決定を補助する指針を与えるものであるが、方針は義務化されるべき行為（例えば他社の知的財産権を尊重することなど）と禁止されるべき行為を区別することによって抑制を与えるものであると考えられる。こうした行為を知的資産戦略においてリストアップし、社内コンプライアンスの確立に関する責任を明確にすることが適切である。しかし、知的資産方針を整備する過程においては、マネジメントにおける自由度と義務化された方針の間で正しくバランスを取るように心がけるべきである。

社員と行動

　知的資産マネジメントは、企業内のほぼ全員に関係するものである。残念なことにほとんどの企業は、知的資産マネジメント業務は単独の部門が担当するべきものであるととらえている。知的資産マネジメントを向上させる際は、こういった考えを改め、研修により訓練された社員を生み出すことこそが重要な要素である。意識改革は、トップからのかけ声だけでなし得るものではない。研修プログラムの提供、優秀なプラクティス例の評価、あるいは職務内容と能力査定に知的資産スキルを盛り込むなど、さまざまなイニシアチブを組み合わせて、意識の改革を支援しなければならない。

目標と課題

　知的資産マネジメントをより強化するためには、事業運営における知的資産マネジメントの有効性と知的資産ポートフォリオの最適性を、上級管理職や企業本社が定期的に見直す必要がある。ここでは主要業績評価指標（KPI）と知的資産ポートフォリオの最適性を示す基準を利用する必要があり、そうすることで目標の設定と変化のモニタリングが可能となる。

マネジメントプロセス

　上記の事項に加え、企業は知識・情報・特許・商標などのマネジメントのために作られた詳細なプロセスをより広い範囲にわたって使用する。これらはノウハウを共有するためのプロセスから、特許・商標出願にかかるコストを回収する方法まで多岐にわたる。これらの詳細なプロセスが、ここに示された知的資産マネジメントのあらゆる側面と有機的に連携し補完し合うことが必要である。

第2章　背景

定義

知的財産（Intellectual Property）：文書、図面、データベース、ソフトウエア、手続き、特許、商標を含む広義における知的資産。

知的財産権（Intellectual Property Rights）：知的財産の侵害を抑制するために国家から付与される権利。自動的に与えられる知的財産権もあるが、一方で権利化と保護には高額な法的手続きを必要とするものもある。詳細は付録を参照。

知的資産（Intellectual Asset）：知的財産および知的財産権の総称。また、ノウハウや評判のような無形資産も含む。

　企業の**知的資産戦略**とは、事業における知的資産の役割を明らかにすると同時に、意思決定の指針を明確にするものである。

　企業の**知的資産方針**とは、義務化されるべき事項と禁止されるべき事項を明確に定義するものである。

　プロジェクト・製品・サービスには、それぞれの目的に応じた**知的資産計画**が必要である。この知的資産計画は、知的資産の管理するための行動を特定するものであり、ここから知的資産を創出・利用していくのである。知的資産計画は、そのサポートするプロジェクト・製品・サービスの利益を考慮しながら、上記の知的資産戦略や方針とも適合するものでなくてはならない。

知的資産マネジメントの最終目標

　プライスウォーターハウスクーパースによると、知的資産マネジメント（IAM:Intellectual Asset Management）とは、継続的な構造型マネジメントプロセスであるとされる。企業はその特許・商標・著作権・企業秘密・機密ノウ

ハウを最大限に利用することにより、最終的に株主価値を高め、競争力を向上させることができる[1]。このため、統合型の知的資産マネジメントでは、以下のような事項を達成しなくてはならない。

- 第三者がキーとなる知的資産を実施したり、自由に利用したりする事態を最小限に抑えること；
- キーとなる知的資産を継続的に実施し、自由に利用できるようにすること；
- キーとなる知的資産の認知度を高め、余すところなく利用できるようにすること。

こうした目的は、それぞれ後述するいくつかの作業に分けられる。

第三者がキーとなる知的資産を実施したり、自由に利用したりする事態を最小限に抑える

ここでは：

- 企業秘密と機密情報の機密性を維持する内部システムを開発する；
- 特許や商標のような知的財産権を獲得する；
- 第三者の事業活動をモニタリングし、第三者が自社の知的財産権を尊重しているかどうか確認する。

キーとなる知的資産を継続的に実施し、自由に利用できるようにする

ここでは：

- 外部の知的資産と内部の知的資産を必要に応じて継続的に利用可能とする；
- 第三者の知的財産権の侵害を回避する；
- 第三者から適切な知的資産の取得またはライセンスを受ける。

1　D.A. Spieler, PrincewaterhouseCoopers, *Intellectual Asset Management Practice*, Boston

キーとなる知的資産の認知度を高め、余すところなく利用できるようにする

ここでは：
- 差別化力と実現力を支えるノウハウを把握して共有する；
- 内部、もしくは外部の知的資産を余すところなく利用し、必要に応じてライセンスや売却を行う；
- 知的資産マネジメントを補助するために、知的資産の役割・実用性・価値を評価する。

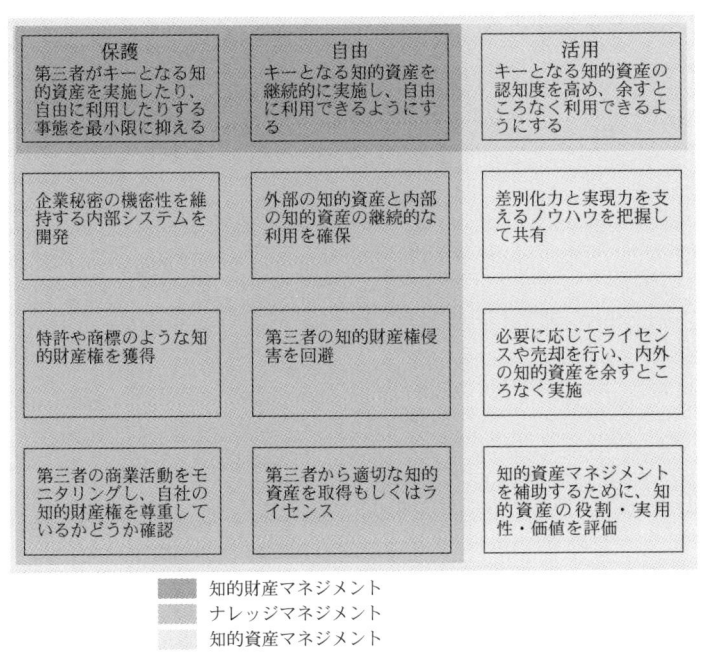

図2.1　知的資産マネジメントとナレッジマネジメントの統合

図2.1に示すように、いくつかの活動は通常、知的財産マネジメントの範囲内で実施され、その他の活動はナレッジマネジメントによって処理される。
　従って知的資産マネジメントに必要なのは、企業のニーズに合わせて、双方を一つに統合することである。

第3章　知的資産戦略

　知的資産戦略の内容やその機能に触れる前に、「戦略」というものが意味するところを明確にしておくとよい。ここでは、事業戦略について考えてみると理解しやすい。ある定義によれば「事業戦略とは、明確な意思決定基準を与えるだけの十分な具体性と事業の方向性とを結びつけること」であるとしている。

　従って知的資産戦略とは、知的資産の事業上の役割を明らかにし、明確な意思決定の手助けをする書面であるという考え方ができる。ただし、戦略というものは、個々のプロジェクトのニーズによって左右される詳細な行動に関するものではない。戦略は、企業全体の利益には対応するが、個々のプロジェクトでは取り扱われない行動に関するものである。

　この定義によれば、知的資産戦略は意思決定者に対して情報・指針・最終目標を提供するものであることは明確である。従って戦略では次のような問題に取り組むことが求められる。

- 組織のキーとなる能力とは何か、基盤となる知的資産をいかに保護するか。つまり、コアコンピテンシーを守るためには「特許資産」をどこに確立するかといったことや、競争力を維持するために営業秘密をどう使うかといったことである。
- 技術を業界標準とするため、製品の開発時や立ち上げ時に付き物のリスクや不確実要素を共有するため、あるいはより迅速かつ広域な市場参入をするため、などの戦略上の理由から、どこでライセンスを実施するか。
- 知識のギャップはどこに存在するか。そしていかにしてそれらを埋めるか。
- 使用しても目に見えない発明を保護するために特許化を図るべきかどうか。つまり、製品中の目に見える発明であれば特許化の判断をするであろうが、製造工程中で使用するだけの発明に対してはそうではない。特許化しなければ後々侵害をモニタリングすることが難しいため、このような判

断を迫られる。
- どこでどのようにハウスマーク[1]を利用・発展させるか。

　知的資産戦略が含むべき課題は、確かに企業によってさまざまであろう。
　しかし、いかなる場合であっても戦略が付加価値の追求であるならば、弱点が存在するような領域や方向づけを必要としているような領域に焦点を当てるべきである。これができれば、プロジェクト・製品・サービスレベルの意思決定者は、知的資産戦略の中で示されるビジョンによって、必要なときに指針が与えられるであろう。従って知的資産戦略の機能は以下のように挙げられる。
- 意思決定を助けるものであること（例えば、特許の権利範囲に関する判断は、どの市場に製品・サービスを売り込むかといった戦略が助けになる）。
- 部門や職務によって決定できる事項に上限を設けること（例えば、仮にそれがそれぞれのプロジェクトにとっては有益であっても、第三者に漏洩してはならない情報についてはその領域を示すといったことである）。

「戦略」という用語の誤用

　数々の書類が「戦略」を装っている。明らかに重大なプロジェクトや製品・サービスについては、創造・取得した知的資産をいかにして管理していくかといったアクションプランが、それぞれに存在しなければならない。しかしながら、実務レベルでの書類は戦略的要求というよりも、単に詳細な行動を説明しているだけであり、戦略よりむしろ計画と呼ばれるべきものである。こういった知的資産計画は、企業の知的資産戦略から派生するものであり、企業の意思決定システムによる要求・見直しが行われなければならない。知的資産計画の内容は、第12章で詳しく触れる。
　知的資産戦略は、知的資産を効果的に管理するために必要なマネジメントプロセスやコンピテンシーを説明するだけのものではないという点も強調しなけ

1　ハウスマーク：個々の製品やサービスというより、企業全体が使用する商標のことである。

ればならない。もちろん企業はこれらのプロセスの妥当性やさらなる強化方法を考慮しなければならないのであるが、こういったことは知的資産戦略の範疇から外れるのである。

こうした知的資産マネジメントプロセスに関しては、第8章から第11章で、以下の点について触れる。
- 特許委員会
- ナレッジデータベース
- 発明者報酬制度
- 知的財産権の調査とマネジメントに関するコストの採算
- 知的財産／知的資産の役割、構成、報告体制

従って、図3.1に示されるように、知的資産戦略の焦点や機能は、知的資産計画や知的資産プロセスのそれとは異なるものなのである。

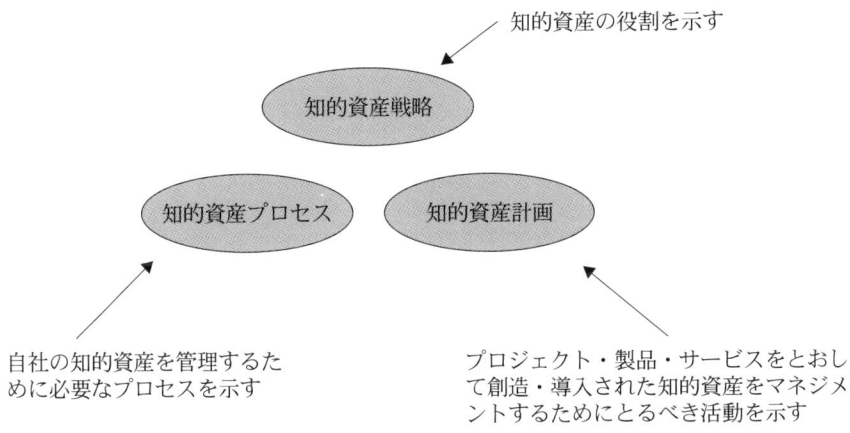

図3.1　知的資産戦略、知的資産プロセスと知的資産計画の役割

知的資産戦略の内容

知的資産の役割を示し、意思決定の方針とするためには、知的資産戦略は、

企業内の知的資産マネジメントが直面するキーとなる問題点を特定するものでなければならないであろう。この問題点には下記のようなものがある。
- 競合他社・顧客・サプライヤ・流通が、製品やサービスをコピーもしくはリバースエンジニアリングしようとしているか否か。
- 競合他社・顧客・サプライヤ・流通が、自社の知的財産権を尊重しているか、もしそうでないのであれば権利行使を積極的に行うべきかどうか。
- ジョイントベンチャーなどの提携事業の際に、知的資産はどのように必要とされるか。
- マーケティングと知的財産の権利化のどちらに重点をおくべきか。
- 競合他社・顧客・サプライヤ・流通が、イノベーションを進めているのはどの技術領域か、そして自社はどのように対応するか。
- 自社ブランドの役割は何か、そしてそれをいかにして成長させるか。

　このように、自社の事業環境について理解したうえで、戦略では、キーとなる知的資産と知的資産の維持・強化・共有に必要な行動を特定しなければならないだろう。
　知的資産戦略において最も重視される点は、差別化力と実現力のマネジメントである。このマネジメントでは、それぞれのプロジェクト・製品・サービスにおいて必要とされることが、企業全体としての利害とは相いれない場合もある。
　以上に主張したように、戦略が付加価値を与えるものとするのであれば、特にプロジェクトやサービスのレベルで問題のある部分もしくは指針を必要とする点に焦点を当てるべきである。一般的に、次の３点では指針が必要である。
- 実現力・差別化力と連携した知的資産の管理方法。
- ハウスマークの展開・活用方法。
- 現存の事業計画をサポートする場合、または現在未参入の市場から収入を生み出す場合におけるライセンスの役割。

これらを以降の3つのセクションで検証する。

差別化力と実現力のための戦略

差別化力と実現力を支える知的資産のマネジメント方法に関する指針を示す前に、まずは「差別化力」と「実現力」を明確にしておかなければならない。以下は、著者による「差別化力」と「実現力」の定義である。

差別化力：利用を限定することによって、商業上の優位性が得られる力を持つもの。自社で所有もしくは統制する企業が多い。

実現力：製品・サービスの質に対して決定的な影響を与える、限定的な力を持つもの（例えば、ある企業から提供されたノウハウや専門的ソフトウエア）。広く、安定した供給基盤を生み出すことができる場合は、これをアウトソースする企業が多い。

差別化力と実現力の範囲は、プロジェクト・マネジメントから特殊な化学反応の理解といった技術知識まで多岐にわたるが、通常これらの力は図3.2に示すようにさまざまな製品やサービスを支えるものである。差別化力と実現力は以下のような所に存在する。

- 製品製造／サービス提供
- サプライチェーンとそのマネジメント
- 顧客マネジメント（顧客誘致／顧客維持／顧客対応）

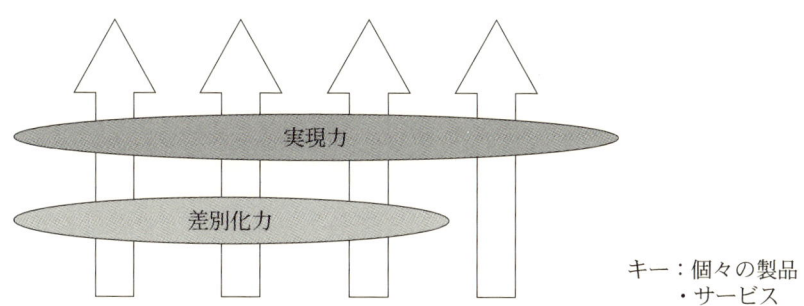

図3.2 さまざまな製品・サービスを下支えする差別化力と実現力

企業がこうした力を多く持ち合わせている場合は、それぞれの力ごとに独立した知的資産戦略を策定する必要があるだろう。従って図3.3に示すように、戦略とは企業レベルと力レベルの双方に存在する。どちらの場合でも、プロジェクトレベルやサービスレベルの意思決定に指針を与えるものとなる。

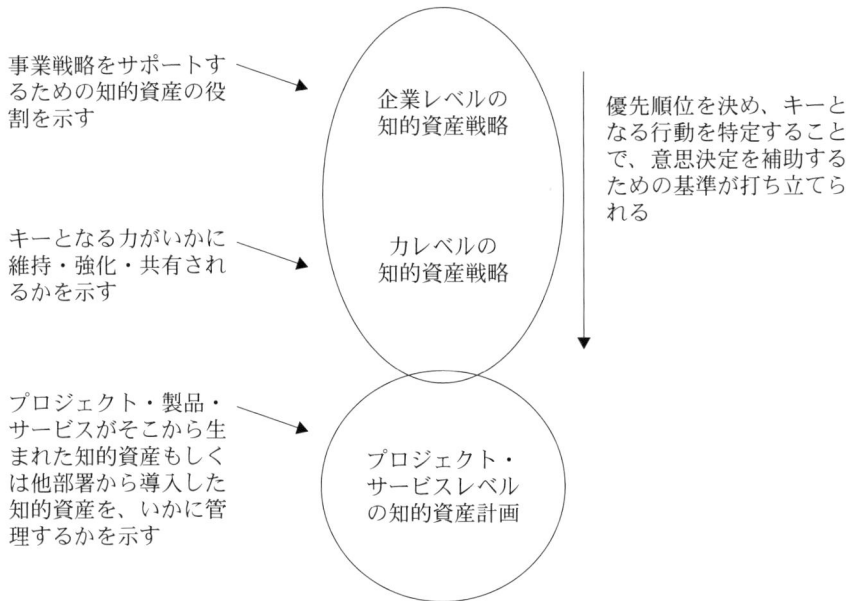

図3.3　知的資産戦略は、プロジェクト・製品・サービスのレベルまで影響を与える

　差別化力と実現力は、評価指標を設けることでさらに明確にできる。これら力の特徴や使用される評価指標は、業種、企業によってさまざまである。そのため以降に示す特徴は完璧なものではないが、その本質を示すものである。
　一般的には、キーとなるような差別化力や実現力は次のようなものであることが多い。
- さまざまな製品／サービスに適用できるもの
- コストと品質に対し、概して計り知れない影響を及ぼすもの

- 顧客誘致／維持において重要なもの
- 安全上あるいは規定上の理由で必要なもの
- 企業の生産ラインの運用上に影響を与えるもの
- 高付加価値／利益を創出するもの
- 効果的なサプライチェーンマネジメント（SCM）において重要なもの

それに加えて、差別化力には次のような傾向がある。
- 他社が提供するものと本当の意味で差別化された、もしくは顧客がそのように認識するような、製品・サービスを創出する；
- コストを下げる、もしくは競合他社のコストが上がるようにする；
- 知的財産権や機密性の維持によって保護することが可能である（第三者の複製を阻止できなければ差別化力として維持することはできない）；
- 競合他社の提案より優れたものである；
- 新たな市場を切り開くことができる。

差別化力と実現力のランキング

　企業における差別化力と実現力を認識できたら、それらを重要度別にランキングしてみるとよい。それによって経営者は、正確に焦点を絞ってリソースに優先順位をつけることができるであろう。
ランキングする際には次の基準が役に立つ。

差別化力

＋＋	現在または近い将来、市場地位の獲得または維持に決定的となるもの
＋	現在または近い将来、非常に大きな競争優位の源泉となるもの
＝	現在または近い将来、競争優位の源泉となるもの
－	現在または近い将来、ある程度の競争優位の源泉となるもの
－－	競争優位の源泉となる可能性があるが、現時点での役割が不明確なもの

実現力

＋＋	現在または近い将来、現状を維持することで製品・サービスの費用対効果において決定的となるもの
＝	現在または近い将来、現状を維持することで製品・サービスの費用対効果において重要となるもの
－－	現状の維持によって、製品・サービスの費用対効果に重要となる可能性のあるもの

　差別化力と実現力がリストアップされ、それらが重要度別にランキングされると、次に知的資産戦略では、プロジェクト・製品・サービスの各レベルの知的資産計画では取り扱われない行動を明記しておく必要がある。

- 差別化力の戦略：競合他社・顧客・サプライヤ・流通に、できるだけその力を利用できないようにする行動を特定する。
- 差別化力、実現力に共通の戦略：継続的な実施と自由な利用を確保するための行動を特定する。
- 差別化力、実現力に共通の戦略：例えば、その力の状態を良好にする責任を持ち、第三者と知的資産を共有する判断の権限を持つような人物を特定する。

企業における力レベル別の知的資産戦略大綱を作ることで、機能別戦略が存在し、意思決定を左右しているという安心を上級管理職や役員に与えることができる。図3.4には、このような報告書に用いられるフォーマットの例を示す。

能力	差別化力 or 実現力	重要度	その能力の適正度	保護方法			コア市場以外にライセンスすることが適しているか否か	コア市場にライセンスすることが適しているか否か
				秘密	公開*	特許化		
イオン化学	差別化力	+	強	反応速度論	未	済：US、JP、FR、GB	×	×
プロジェクト・マネジメント	実現力	++	弱	無	済	未	×	×
顧客データベース	差別化力	++	強	有	未	未	×	×
品質検査	実現力	+	適正	無	済	未	○	○

＊他社の特許取得を防ぐため、または他社にその発明をさらに開発させるために、自社の発明に関する情報を公開することもありうる。

図3.4　企業における知的資産戦略大綱

ライセンス戦略

知的資産戦略では、事業計画をサポートするライセンスの役割を明記しておく必要がある。知的資産、その中でも特に知的財産は、以下に示すさまざまな理由でライセンスされうる。

- ライセンス収入を得るため
- クロスライセンスをとおして他社の知的資産を利用するため、もしくは直接投資をせずに改良発明の権利を得るため
- 自社が競合他社の知的財産権を侵害していた場合に、競合他社とクロスライセンス契約を締結するため[2]
- 自社技術を業界標準とするため
- リスクと不確定要素を共有するため
- より素早い／より広い市場参入のため

2　この種のクロスライセンスは、複数の企業がお互いの特許を侵害している場合が多い電機業界において一般的である。クロスライセンスは双方にとって訴訟よりも魅力的な解決法である。

従って知的資産戦略は、事業計画をサポートするためのライセンスの役割をはっきりさせる必要がある。企業の判断として、以下のようなものがある。
- 特定の市場では、自社の製品・サービスを直接販売するのではなく、知的資産を第三者にライセンスする。
- 特定の事業分野で収益が減少したとしても、その技術を業界標準とするためにライセンスする。
- 現存の事業活動とは異なる分野で、その知的資産をライセンスして、知的財産を維持・活用する。

　このような状況において、知的資産戦略ではライセンス活動から得られるリスクとリターンの釣り合いを考えなければならない。例えば：
- 知的財産権とライセンスの必要性を確実に連携させるにはどうすべきか。
- 既存の知的財産、もしくは将来的な知的財産のミスコントロールをいかにして最小限に抑えるか。
- 戦略上、いかにしてライセンシーにインセンティブを与え、収益を得て、なおかつライセンスにかかったコストをカバーするか。

　いくつかの企業は、ライセンスをとおして多大な収益を上げてきた。例えば、ダウ・ケミカル、IBM、フィリップス、そして英国のBTなどである。ただし、こうした企業はあくまで例外である。概して、これらの企業は、コアビジネス市場のみに知的財産をライセンスする決断をしたことにより、高いライセンス収入を得ることができたのである。つまり、あらゆる市場に参入しようとするのではなく、ライセンスをすることによってリスクとリターンの絶妙なバランスをとるような判断をしてきたわけである。ライセンスに適した知的資産を見極める過程、潜在的なライセンス相手を見極める過程については、第14章でさらに議論していこう。
　こうした企業の成功により他の多くの経営者は、知的資産ポートフォリオから大きなライセンス収入を得ることができることを理解してきている。それにもかかわらず、市場におけるすべての企業が、ライセンスによって収益創出を

可能にする知的資産ポートフォリオを実行・利用しているわけではない。実際のところ、ライセンス収入を生み出す特許というのがまれなのである。調べてみると、ライセンスされている特許はそのうちの5％のみであり、収益を生んでいるのは1％にすぎないという[3]。一般的には、ノウハウこそがライセンスの基盤であるということを付け加えておくべきであろう。特許の役割というのは、ライセンスされたノウハウを使うときにライセンシーに排他権を与えるというのが一般的である。従って、下支えとなる高価値のノウハウ・データ・情報がなければ、特許の価値は下がってしまうのである。

ライセンスを決断した場合には、知的資産戦略の中では、そのライセンスの成功に必要な責任とリソースをも明確にしなければならない。

特許戦略

差別化力や実現力の下支えとなる特許と結び付く活動については、それらの力に関する戦略の中で明記される。ただし、全社レベルで明記したほうがよい点もある。例えば：

- 通常、市場では目に見えない発明を特許化するべきか。企業によっては、侵害が発見されやすい場合にのみ、発明を保護するために特許出願を行う価値があるとしている。このことはすなわち、製造方法に関する特許は出願しないということを意味している。
- 特定の事業分野用の既定の出願プロセスはどのようなものか。
- 現在の事業計画と連携していない発明は特許化によって保護すべきなのか。

商標戦略

理想的なブランドとは、企業価値のビジョンを訴える手助けをするものであり、あらゆる製品とサービスに一貫性を持たせなくてはならない。例えば：

---

3 E. Kahn, 'Patent Mining in a Changing World', *Intellectual Asset Management*, Sept/Oct 2003

- 「easy Jet」は、余計なサービスを省き、低価格であるというイメージをブランドとして訴えている。
- 「British airways」は、格式のある高品質なサービスによる高級なイメージを訴えている。
- 「Sony」がブランドとして訴えるものはイノベーションとスタイルである。

　ブランドについて吟味する際、企業が望むイメージを訴えるようなブランドであることが大切である。ブランドによって成功を収めると、企業は次のようなことができるようになる。
- プレミアム価格設定をすることが可能となる；
- より多くの商品を販売することが可能となる；
- 新しい製品や地域に対してブランド拡大を図ることで新たな収入を得ることが可能となる；
- 優秀なスタッフをひきつけ確保することができる；
- よりよい取引条件で交渉することができる；
- 財務コストを下げることができる。

　伝統的にブランド戦略で扱われるのは、以下の項目となる。
- ブランドの確立と認知向上
- メディア戦略／買収
- 広報活動
- 企業イベント
- パブリシティ
- ニュース・マネジメント
- 販売促進から製品立ち上げ

ブランド戦略では、ブランドの構築・活用・実施を明記し、ここではブランドをサポートする商標の役割も含まれる。商標の場合は、以下の事項もブランド戦略の中で扱わなければならないであろう。
- 登録されるべきハウスマーク、そうでないハウスマークはどれか。登録されたものに対しては、保護が必要な地域を明らかにしなければならない。
- ブランドや商標が適切に利用されているか確認する必要がある。ブランドをいかに表現するかといったことに対する指針も含まれる。
- 商標をライセンスするかどうか、もしするのであればどの企業・市場・製品グループにライセンスするか。

　イメージ(図形と呼ばれる)と文字(実際にある言葉でも造語であってもよい)も商標として登録することができる。多くの場合、この2つの組み合わせが使用される。当然、上記の活動は図形と文字についても適用されるものである。

第4章　方針と説明責任

方針

　意思決定を補助する基準を明確にするのが戦略である一方で、企業方針は事業シナリオのなかで自社のスタンスを示すものである。つまり、戦略は指針を与え、方針は制約を与えるものということになる。このことは、知的資産方針の例をみると最もよく分かる。
- 他社が持つ有効な知的財産権を尊重するものとする。
- 自社の知的財産権を積極的に実施する。
- 企業全体の利益にならない限り、所有している機密情報を他社に開示しない。
- 第三者が自社の代わりに創出した知的財産の所有権を保持する。

　知的資産方針に規定される内容の詳細は、当然企業によってそれぞれである。自社の方針として、上の例のような一連の記述を規定する場合もある。しかしながら、こういった方針に関する記述は結局のところ決まり文句のようなもので、事業を運営する際にはほとんど役に立たないのである。逆に、企業によっては方針に関する基準の中に、何をすべきかだけでなく、どのようにすべきかという詳細な手順まで述べられているところもある。ここまでの詳細なレベルが方針の中に含まれてしまうと、ユーザーは自らの責任範囲を明確にするため大量の情報を検索せざるを得ないことになり、方針が無視されてしまうという場合がある。

　次のように分けると、企業方針に関する基準がより明確になるであろう。
- 事業に決定的な影響を与えるシナリオをいくつか想定し、方針を示すたくさんの短い記述で、そのシナリオにおける自社のスタンスを明確にする。

- 方針を解釈し実行に移す際に責任を取るべき人間が分かるように、明確な「説明責任」を定義づける。
- 各方針の中における補佐的な行動を明確にする。次にするべきプロセスや方法に関するような細かい点よりはむしろ、何をするべきかをはっきりさせることのほうが理想的である。もし、細かいプロセスを必要とするのであれば、方針に関する基準外に位置づけるほうがよいであろう。

こういったアプローチを示す例を挙げる。

方針	第三者が持つ有効な知的財産権を尊重するものとする。
説明責任	営業部長は、第三者の知的財産権をモニタリングするのに適したシステムを整える。
行動	2カ月おきに、公開特許公報を定期調査する；企業内の特許委員会が、その調査結果を受け、再検討する。特許委員会は定期調査の際に使用するキーワードを2年おきに見直し、更新する。

　方針と説明責任をこのように構築すると、重要な課題に対する自社のアプローチを、簡単な言葉で明らかにできるのである。

説明責任

　企業の知的資産方針を、説明責任の基準内に落とし込み、キーとなる活動に対して責任の所在を明らかにする必要がある。説明責任の基準で、管理者レベルにおけるいくつかの例を以下に挙げてみよう。

- ライセンスされた権利も含め、事業ニーズに適切な知的資産をモニタリングする。また、SWOT分析に基づいた情報を適切に広める。
- キーとなる差別化力を支えるような知的資産の最適状態を維持し、事業計画との連携をとる。
- 競合他社の活動をモニタリングし、自社の知的財産権を侵害させないようにする（知的財産権を真の財産にするような権利行使の危険性や実際の脅威を現実化するため）。

- 顧客・サプライヤ・流通・競合他社の知的財産権に関する情報をモニタリングし展開する（これにより、競合他社の事業戦略の実態を知ることができる）。

　通常これらの説明責任を負うのは、意思決定の結果生じる利益と損失の双方を享受するようなレベルでなければならない。しかしながら、知的資産と製品・サービスの連携が常に取れているとは限らない。プロジェクト内部で責任者は代わっていくため、優先されるものはその時々で変化する。知的財産権取得の経費に関連する場合は特にそうであろう。従って説明責任を定義する際は、チェックアンドバランスが働く適切なシステムを構築するよう注意が必要である。結果として、知的資産の場では多くの決定・承認が委員会によってなされる。その例として、
- 知的資産の保護・維持・売却に関する決定事項の承認
- 知的資産マネジメントのプロセスの発展・承認

　もちろん、説明責任を適切なレベルに落とし込む際にも注意が必要である。この場合のアプローチを示す例を以下に挙げる。

方針	知的資産を把握・保護・維持・共有し、企業全体に対し最大限の商業上の利益が出るようにする。
説明責任	知的資産を把握・保護・維持・共有し、企業全体に対し最大限の商業上の利益が出るようにするために、事業部長は、監査可能かつ目的に応じたプロセスを確保する責任を負う。
代表説明責任	プロジェクトマネージャは、目的に応じた知的資産計画を受け持ち、その実行に対して責任を負う。 プロジェクトの認可担当者は、プロジェクトの知的資産計画の妥当性を調べる責任を負う。 プロセス所有者は、プロジェクトの承認過程に責任を負い、知的資産計画の提案を要求し、その計画を完璧なものとする。

　このように明瞭な焦点を設ければ、説明責任を負う者の業績を可視化して見直すことができ、知的資産マネジメント（IAM）を推進することができる。

問題提起

　知的資産方針とその手助けをする説明責任の基準がうまく構成されていると、事業や機能部門が知的資産マネジメントに必要となるタスクを認識し優先させる際の手助けとなる。

　こういった方針基準を用いると、数々の意欲的な取り組みがなされ、明確なポジションおよび行動が明らかとなる。例えば、自社のポジションを定期的に見直すために、次のような問題が問われる。

- 第三者の侵害を発見した者や、発明者自身に対し報奨制を採用すべきか。
- 知的財産権（特に特許や商標）の取得の際にかかる費用はプロジェクト、事業部、全社のどこが負担するべきなのか。
- 多国籍企業の場合、グループ企業全体の税務の最適化という観点において、知的財産の所有権をどこにおくか。

方針遵守のモニタリングと説明責任の遂行

　説明責任を積極的に受け持ち、確実にその責任を果たすには、一般的には、説明責任を現存のマネジメントシステムに落とし込まなければならない。特に、完全に説明責任の基準を明らかにした上で企業が決定すべきことは：

- 個人の職務内容に含まれ、測定可能な業績目標となるものは何か。
- マネジメントプロセスに評価基準を入れることで処理できるものは何か、例えば、プロジェクトマネージャに知的資産計画を提出させるステージゲートシステムがこれにあたるであろう（第5章参照）。
- コンプライアンスに関わる問題としてモニタリングされるものは何か、ここでは説明責任を持つ人物の業績を、適切なレベル（一般的には役員レベル）で可視化することができる。

　結論として、説明責任の基準は以下のフォーマットのように示すことができる。

	モニタリングされるコンプライアンス		
	職務内容／実績レビュー	マネジメントプロセス	取締役会に報告される年次報告の一部
マーケティング部長は、事業上のニーズに対する知的資産（ライセンスされた権利も含む）の妥当性をモニタリングし、SWOT分析に基づいた情報を適切に広める。	○		
知的財産部長は、顧客・流通・競合他社の知的財産権に関する情報をモニタリングすると同時に広める。			○
研究開発部長は、企業の差別化力を支える知的資産の最適状態と連携を維持する。	○		
プロジェクトマネージャは、目的に応じた知的資産計画を受け持ち、計画を実行する。		○	

第5章　意思決定

　通常、企業ではさまざまなシステムを正式に導入して、オプションを考慮したり、事業決定を下したりしている。そのシステムの例は以下となる。
- ステージゲートシステムのような、製品パイプラインのマネジメントプロセス
- 入札ツールなどの営業促進プロセス
- セールス＆オペレーションプランニングプロセス
- フロントエンドローディングなど、投資支出の承認プロセス

　こうした意思決定システムは、提案事項や事業計画を受け持ち、検討を行うものである。当然ながら、これらの提案事項ではその下支えとなる知的資産の最適状態やマネジメントについて議論がなされるものである。理想的には、目的に応じた知的資産計画を示すものであればよい。
　知的資産計画の内容については第12章で述べるが、扱う範囲が多岐にわたることもあり、次のような短文を用いて過不足を補うこととしよう。
- 権利の所有や機密に関わる情報を第三者に開示しない。
- 第三者との協同によって生み出された知的財産の所有権は自社に帰属させる。
- 知的資産の利用から生じる責任を負担しないためにも、チェック機能を働かせる。

　これらがいかに複雑に入り組んでいたとしても、意思決定システムによって知的資産計画を再検討すべきである。残念なことに、大半の企業では知的資産マネジメントに対する理解が不十分であり、提案される知的資産計画の質が貧弱なばかりでなく、意思決定システムの見直しレベルも不適切なのである。

このような状況である以上、提案した知的資産計画の質を向上させるためにプレッシャーが働かない。これが問題となる場合には、以下の対策を取るとよい。
- 承認／検討パネルには数名の専門家を配し、提案された知的資産計画を見直す正式な説明責任を委任する。
- 事業、製品、サービスのライフサイクルにおいてキーとなる段階で、知的資産に関する標準的なチェック項目を複数設定する。これをステージゲートプロセスと呼ぶ。
- 「知的資産モデル」や「虎の巻」のようなものを使うことで、知的資産計画の中で扱うべき事例を明確にし、提案の準備と提案の見直しの双方に役立てる。
- 既存の説明責任に関するシステムを変更し、知的資産計画の委任・見直し・遂行に関する責任を明確にする。

　次にこうしたアプローチを検討していく。

ステージゲートプロセス
　ステージゲートプロセスを用いて知的資産マネジメントの改善を行う前に、まずはこのツールの背景について考えていきたい。
　ステージゲートプロセスでは、プロジェクト（製品・サービスも同様）は、いくつかのステージゲート（段階）を進展していくものと見なされる。さらに、各ステージゲートにおいて見直しを行い、以下の項目が達成できるようにするものである。
- プロジェクトが今後も投資し続けるに値するものであるか判断する。
- プロジェクト実行の妥当性をモニタリングする。
- 目標を定める、もしくは再確認する。
- 限られたリソースの中で、プロジェクトに優先順位をつけ、キーとなるものだけ実行する。

第5章　意思決定

　各ステージゲートでの見直しは「ゲートミーティング」と呼ばれ、共通して次のような構成で成り立つ。
インプット：プロジェクトそのものとその状態
評価基準：プロジェクト継続の是非を判断するための標準的なチェック項目と評価基準
アウトプット：プロジェクトの続行・中止・保留の決断と、合意に達した今後の行動計画

　一般的に使用される評価基準は4つのタイプに分けられる。
- プロジェクトは通常、最低限度の経済的な収益をもたらすことを証明できなくてはならない。
- かつてのプロジェクト成功例から学び、またそれらに共通した特徴を抽出する。以後提案されるものにはこの特徴をまとめたリストで評価することができる。
- 製品・サービスに対する顧客ベースの受け入れ度を把握するため、測定基準を使用する。
- 他の自社提供物とプロジェクトとの適正を評価する。これは、変更されたポートフォリオを維持する目的で行う。

　それぞれの評価基準には長所と短所が存在するので、実際にはこれらを組み合わせて用いられることが多い。
　既に述べたように、多くの場合、プロジェクトの成功は基盤となる知的資産の最適状態と管理にかかっている。従って、ゲートミーティングにおいて知的資産に関する評価基準とチェック項目が置かれるのは自然なことであろう。
　とはいえこうしたケースは実際にはなかなかなく、ゲートミーディングにおいてなされる知的資産のチェック項目は「特許の保護状態はどうなっているのか」というところが関の山であり、当然この程度では不十分である。
　ステージゲートプロセスにおいて、各ゲートミーティングで適切に知的資産

マネジメントに対応するには、以下のことが含まれていなければならない。
インプット：それぞれのプロジェクトには、目的に合った知的資産計画が必要である。
評価基準：ここで使用される評価基準とチェック項目は、プロジェクトが持つ知的資産の最適状態と管理を見直すものでなくてはならない。
アウトプット：プロジェクトが次のゲートに進む前に提起する知的資産問題を定義しなければならない。

インプット

　知的資産計画の内容については12章で述べるが、基本的に次の5つの論点が取り扱われる。

- 自社のキーとなる知的資産が、顧客・パートナー・サプライヤ・流通・競合他社による利用や複製から適切に保護されているか？
- 使用が妨げられるような第三者の権利が存在しないプロジェクトからその知的資産が創出されたのか、もしくはそのプロジェクトに資産が導入されているのか？
- そのプロジェクトにおける知的資産の活用が他の事業活動に対してマイナスの影響を与えることがないか？
- プロジェクトの途上で必要となる知的資産を、必要なときに利用することができる状態になっているか？
- プロジェクトでは既存の知的資産を導入するべきか、もしくは将来的な知的資産を他部門や第三者と共有するべきか？

ゲート評価基準：チェック項目

　あらゆるゲートミーティングにおけるチェック項目は、提案の種類（研究開発プロジェクト・工場設計・工場設立など）に応じて多岐にわたる。例えば、

- プロジェクト承認ルートでは、他のチェック項目と並び、商業的な成功を得るために特許保護が必要かどうかを問う項目を設けなくてはならない。

もし特許が必要であれば、既に保護されているものなのか、これからしなくてはいけないものなのかを問う。
- 入札に関する意思決定システムでは、他のチェック項目と並び、機密情報が顧客に流出していないかどうかチェックする項目を設けなくてはならない。もし流出しているのであれば、企業全体としてどの程度の影響が出るかを問う。
- 下請け業者使用の承認ルートでは、他のチェック項目と並び、企業にとっての新しいノウハウの重要性と、このような専門知識を社内保持するために内部措置が取られているかどうかを問う項目を設けなくてはならない。

ライフサイクルにおける要所でこれらの項目をチェックすることは重要なことである。例えば顧客への情報公開による影響は、情報公開直前ではなく、契約行為に至る前に認識していなければならない。

ゲート評価基準：障害

知的資産に対して障害を設定することは不適切な場合が多い。その代わり、ゲートミーティングで要求されるパラメータを考慮する際に知的資産の役割と影響が正しく明記されるようにするとよい。例えば、プロジェクトの経済的価値を計算する場合には、次の事項を考慮しなければならない。
- 強力な特許を獲得する可能性と、不確定要素の経済的な影響。
- 将来的なノウハウが、プロジェクトだけでなく企業全体に与える潜在的な価値。
- プロジェクト実行において、第三者への機密情報公開が避けられない場合の自社に対する経済的な影響。

ゲート評価基準：チェックボックス

以上に示した標準的なチェック項目を用いて、ゲートミーティングでキーとなる問題に焦点を当て論じることでプロジェクトを進めることが可能となる。

知的資産チェックボックス

基本項目
- 自社のキーとなる知的資産が、顧客・パートナー・サプライヤ・流通・競合他社による利用や複製から適切に保護されているか？
- 使用が妨げられるような第三者の権利が存在しない本プロジェクトから、その知的資産が創出されたのか、もしくはそのプロジェクトに資産が導入されているのか？
- 本プロジェクトにおける知的資産の活用が他の事業活動に対してマイナスの影響を与えることがないか？
- 本プロジェクトの途上で必要となる知的資産を、必要なときに利用することができる状態になっているか？
- 本プロジェクトでは、既存の知的資産を導入するべきか、もしくは将来的な知的資産を他部門や第三者と共有するべきか？

ナレッジマネジメント

データ・情報・設計・ベスト・プラクティス・学習体制などを調査する際に、データベースやコミュニティ・オブ・プラクティスを利用したか？特定されたノウハウは本プロジェクトに導入される予定か、もしくは既に導入されたか？	☐ はい ☐ 要検討
本プロジェクトから、社内外で把握・展開するべきノウハウが生まれるか？このために、特別な行動と資金を決定する必要があるか？	☐ いいえ ☐ 要検討
本プロジェクトの進行に影響が出るようなスキル・情報が不足していないか？不足があるならどの領域か、また他のプロジェクトにも影響が出るか？	☐ いいえ ☐ 要検討
本プロジェクトを通して社内に導入される顧客・パートナー・サプライヤ・競合他社のノウハウを利用することができるか？もしこれが可能であれば、このノウハウはどのように管理されるか？	☐ いいえ ☐ 要検討
本プロジェクトでは、自社の差別化力や実現力が利用されるか？利用されるのであれば、どの力が既に利用され、どの力が今後利用される予定か、また問題点は既に特定されているか？	☐ いいえ ☐ 要検討

保護

本プロジェクトでは、顧客・ビジター・パートナー・サプライヤ・競合他社、もしくは社会全体に対して、商業上の機密情報や有益情報が公開される予定か？公開されるのであれば、情報伝播を最低限に抑えるために効果的な行動が取られているか？さらに、本プロジェクトを継続することはそのリスクよりも価値のあるものか？	☐ いいえ ☐ 要検討
本プロジェクトの商業的な成功は特許・商標・登録意匠に依存するであろうか？するのであれば、既存の知的財産権や将来的な知的財産権は十分に強力なものであろうか？	☐ いいえ ☐ 要検討

第5章　意思決定

機密性・公開・知的財産権取得など、いかにしてイノベーションを管理する計画が立てられているか？それらのコストは是認されているか？サプライチェーンにおいて得られるような権利も含め、定期的なチェックを実施しているか？	☐ はい ☐ 要検討
侵害の可能性を特定するために第三者の活動をモニタリングしているか？侵害の可能性を特定した事例はないか？	☐ はい ☐ 要検討

契約関連

プロジェクトとして、もしくは企業として、知的財産の保証・担保・損害賠償を与える必要があるか？あるとすればどの程度の値になるか？また適切な承認を得られているか？何らかのリスクを回避する手立てになるか？	☐ いいえ ☐ 要検討
本プロジェクトにおいて、第三者に対して知的財産の保証・担保・損害賠償を要求すべきか？仮に与えられるとして、信用に値するものであるか？	☐ いいえ ☐ 要検討
第三者またはグループ内カンパニーから知的財産の提供を受けているか？ロイヤリティ・移転価格・債務・知的財産の再公開や将来的な知的財産の所有権に関して既に合意がなされたか？	☐ いいえ ☐ 要検討
本プロジェクトによって、自社が所有できない、もしくは適切な権利がない高価値の知的財産が生じる予定があるか？この状況に問題はないだろうか？あるとすればどういった行動をとるべきか？	☐ いいえ ☐ 要検討
本プロジェクトの事業計画、あるいはプロジェクト外で生み出される収益や仕事において、ライセンシングは役に立つだろうか？例えば、ライセンシングによって早期大量に市場投入を促すことができないだろうか？知的財産によって顧客から資金を回収することはできないであろうか？などである。	☐ いいえ ☐ 要検討

脅威

本プロジェクトにおいて、第三者から導入した知的資産はあるか？あるとすれば、それらを活用できるように、適切に権利は取られているか？	☐ いいえ ☐ 要検討
本プロジェクトの進展を妨げるような他社の知的財産は存在するか？あるとすれば、デューデリジェンスを実行するべきか、もしくは既に実行したか？	☐ いいえ ☐ 要検討
キーとなる知的資産をパートナーと共有しているか？しているのであれば、関係が破綻した際に備えて、危機管理計画を立てるべきか、もしくは既に立てているか？	☐ いいえ ☐ 要検討

図5.1　知的資産チェックボックス

35

例えば「データ・情報・設計・ベスト・プラクティス・学習体制などを調査する際に、データベースやコミュニティ・オブ・プラクティスを利用したか？」という項目を考えることができる。この質問に対する答えが「はい」でないのであれば、当然プロジェクトにおいてこの行動がとられていない理由を説明しなければならない。
　これらのチェック項目をリスト化することで、チェックボックスを作成することできる。このリストによって、
- プロジェクトでとるべき行動を迅速に特定することができる。
- 見直し提案の中で、プロジェクトの業績を見直す必要がある領域を特定することができる。

第6章　社員と行動

　従業員も経営陣も、知的資産マネジメント、特に知的財産マネジメントは他人の責任であると思いがちである。つまり自分たちのインプットなど必要なく、上の誰かが担う業務であると考えてしまうが、現実は違う。知的資産マネジメントとは、企業内のほぼ全員が責任を負うものなのである。知的資産マネジメントに必要なのは、経験豊富な人材とそれぞれの役割・責任に対する意識であり、それらを生み出すのも知的資産マネジメントである。しかし実際、知的資産マネジメントの強化を図る際に、この意識を高め、必要なスキルを向上させるには、時間を要することが多い。この点が重要となるのは、本書で詳述する支援活動の大半は、知的財産部の人間ではなく、社員一人ひとりが通常業務の一環として行うものだからである。例えば、

- マーケティング部の人間が、自社のパテントポートフォリオの範囲を意識することで、競合他社の活動をモニタリングする際、侵害の可能性を発見できるようにする。
- プロジェクトマネージャやその管轄下の人材が、十分な知的資産マネジメントの知識を持ち、知的資産計画を企画し、実行できるようにする。
- 発明者が、外部の特許データベースを利用して、他社の技術開発をモニタリングできるようにする。

　一人ひとりが、自分の責任のありか、自分の持つスキル（または今後の研修の機会）、業績がモニタリングされるポイントを明確に自覚する必要がある。このためには、以下のようなイニシアチブを組み合わせるとよいだろう。

- 必要に応じて、職務内容には知的資産マネジメントの知識を加える。こうすれば、特定のポジションにある人物が持つべきスキルを規定するなど、従業員の技術コンピテンシーをしっかり系統立ててある企業においては便利である（下記参照）。

- 研修を設ける。特に従業員が知的資産計画を作成する際に使えるような研修である（研修で、知的資産計画のモデルを用いてもよい）。
- イントラネットサイトを作り、知的資産を担当する部署だけでなく、知的資産について理解を深めたいと希望する者にも情報を提供する。

　知的資産マネジメントに関する理解が深まれば、知的財産や他の法務関連事項の姿もより鮮明になり、意思決定においてそれらの影響力が増すだろう。

技術コンピテンシー

　企業内で、特定のポジションの従業員にそれぞれ求められるスキルを規定する「コンピテンシー基準」を構築する際は、その基準の中に知的資産スキルを盛り込むことを検討するべきである。技術コンピテンシーに知的資産スキルを加える場合の例は以下の表になる。

従業員	知的資産スキル
プロジェクトマネージャ	プロジェクト内でキーとなる活動を明確にする力。知的資産の取得・保護・維持・共有を図ることで自社の競争力を高める。
発明者	他社の公開特許情報を集める力。同じ技術分野での、他社の特許活動の動向を逐次確認する[1]。
一般	自社専有ノウハウを保護するための自分の役割を理解し、説明する力。

　こうした知的資産の評価基準は、既存のコンピテンシー基準内に当てはめてもいいし、あるいは、知的資産マネジメントでキーとなる役割を担う人物に特化した、新しい技術コンピテンシー基準を構築する際に使ってもよい。これが定着すれば、従業員の昇進に際して必要となるのは、それぞれが知的資産マネジメントを理解し応用していることを証明することである。

---

[1] 少数だが、従業員に外部特許データベースの検索を禁じる企業もある。故意に第三者の知的財産権を侵害したと告訴されるのを恐れるが故である。この規制は米国企業によく見られるが、こうした貴重な情報源へのアクセス規制は過剰な反応といえるだろう。特に従業員が十分な研修を受け、危険性を認識している場合はなおさらである。

第7章　目標と課題

　運営している事業、または企業全体において知的資産の効果的なマネジメントを実行するためには、上級管理職や企業自身が日々さらなる課題を設定するべきである。明確な説明責任や企業方針または企業戦略とこの課題設定とを結びつけることで、知的資産マネジメントの手法を極めて効果的に改善することができる。
　この課題設定のプロセスにおいては、評価指標などの基準を用いるのが大変便利である。図7.1に示すように3つの領域で評価指標を用いるとよい。

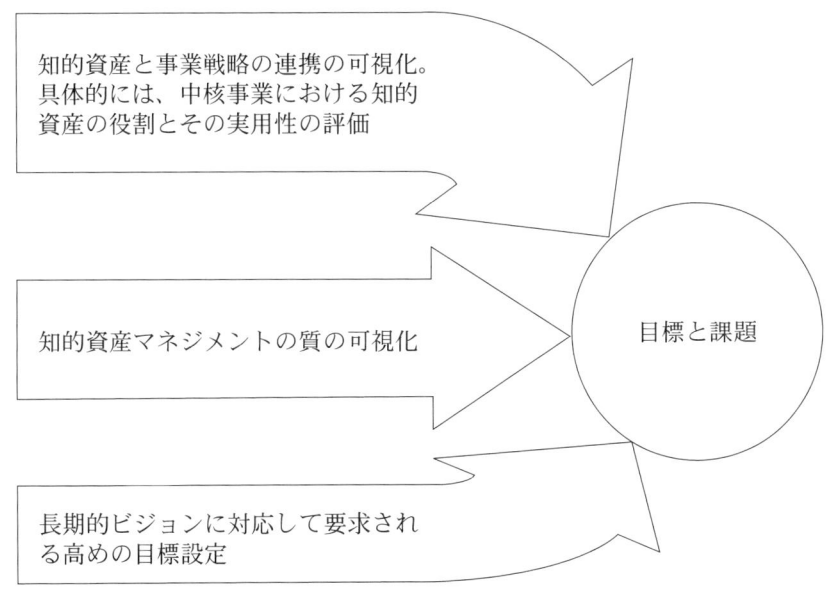

図7.1　目標と課題

知的資産と事業戦略の連携

専門用語としてさまざまな言い方で表すことができるが、知的資産には次に示すような2つの基本的特徴を持っている。

- 役割：ここでの評価基準は、事業としての成功をもたらしてくれるような潜在的な重要性についてである。（例えば、顧客が数ある製品の中から選びたくなるような差別化製品を商標が生み出す可能性などについて）
- 実用性：ここでの評価基準は、資産が具体的に目的と合致したものであるかといった点についてである。（例えば、上記に挙げた商標が差別化製品を生み出すことに成功したのかどうかなどについて）

評価指標を用いてこうした特徴を表せば、役割と実用性の間の不整合性に関して経営陣が対応しなければならない問題が浮き彫りになる。

すべての資産に関する「役割と実用性」の評価指標を作成するのが現実的でないのは明らかであるため、評価指標の使用は、キーとなる知的資産の評価に限定されることが多い。よって、評価指標は、次の2つの領域に焦点を当てる。

- 特許 – 高コストであるため
- キーとなる差別化力と実現力を支える知的資産（13ページの定義参照）。

第16章では、「役割スコアと実用性スコア」を出すための方法に触れる。

知的資産マネジメントの質

知的資産マネジメントの質もモニタリングしなければならない。評価指標を用いて、後々確認できる「軌跡」を残せば、知的資産マネジメントの欠陥を特定するだけでなく、ベスト・プラクティスを抽出することができる。

例えば以下のような質問に「はい」「いいえ」で答える、簡単なチェック表形式の評価指標を用いてもよいだろう。

- 承認・報告の構造が明確に定義できるような説明責任が明確であるか。また、責任を委譲できているか？

第7章 目標と課題

- 適切な職務内容ごとに知的資産マネジメントの説明責任を把握しているか。かつそれぞれが必要なスキルを持っているか否かを定期的に評価しているか？
- キーとなる差別化力や実現力は特定しているか。それぞれについて知的資産戦略が策定しているか？
- 知的財産保護、特に特許の資金確保の必要性から障害が生じる確率を、定期的に見直し適切度を判断しているか？

こういった評価指標は、それぞれの事業領域が受け持つ具体的な活動における指針となる。

また評価指標は、知的資産マネジメントシステムがいかに効果的に適用できているかを示すものでもある。例えば、プロジェクト承認ルートに提出される知的資産計画の質を間接的にモニタリングすると、図7.2のようにグラフを用いて示すことができる。

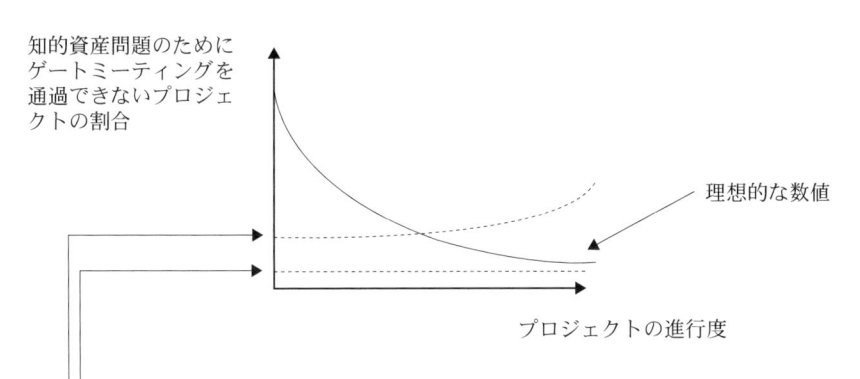

縦軸：知的資産問題のためにゲートミーティングを通過できないプロジェクトの割合

横軸：プロジェクトの進行度

理想的な数値

この分析により2つのことが分かる：
- 非通過率が常に低レベルである場合、レビューミーティングの段階で知的資産は効果的に利用されていないことが分かる
- プロジェクトが進んでも非通過率が減少していない場合は、知的資産戦略の質を向上させる必要があることが分かる

図7.2 知的資産計画の質を評価するための評価指標

図7.3に示した7つの領域は、適切に設定するべき一連の詳細な評価指標である。こうした評価指標に照らして業績を評価すると、7つの領域それぞれに全体としてスコアリングすることができる。例えばこの例でいえば、濃灰色と灰色のシンボルを用いて全体のスコアを表している。

　このようなサマリーを用いると、上級管理職や役員は必要に応じて、全体的な業績や主な要注意箇所を素早く理解することができる。

目標	状態	キーアクションとタイムテーブル
意思決定：企業のキーとなるような意思決定とそのプロセスにおいて、利用可能な知的資産の充足度やマネジメントの質の情報を得ているか。また、それらに対する検討は十分か？	●	×××××××××× ×××××××××× ××××××××××
方針と説明責任：説明責任に合致するように企業方針を明確に設定し、キーとなるマネジメント活動やその所有のよりどころを明確にしているか？	●	×××××××××× ×××××××××× ××××××××××
戦略：効率的な意思決定を実現するために、企業内知的資産の役割を明確にした戦略が存在しているか。また、マネジメントツールの適性や、必要とする変革事項が明確になっているか？	●	×××××××××× ×××××××××× ××××××××××
レビューと課題設定：知的資産ポートフォリオの健康状態と知的資産マネジメントの質に焦点を当てたレビューや報告がなされているか？	●	×××××××××× ×××××××××× ××××××××××
人と行動：知的資産スキルが、キーとなる役割・提供する研修・モニタリングできるコンピテンシーに対して特化しているか？	●	×××××××××× ×××××××××× ××××××××××
ナレッジマネジメント：ナレッジマネジメントシステムを用いて、キーとなるノウハウの特定・把握・普及・使用を確実に行っているか？	●	×××××××××× ×××××××××× ××××××××××
知的財産部門：知的財産部門のスキルとシステムは、事業上のニーズに整合しているか？	●	×××××××××× ××××××××××

図7.3　知的資産指標の例

高次の目標設定―たゆまぬ改善

上記の評価指標は、既存の知的資産マネジメントシステムがどのように機能しているかをモニタリングするだけのものである。

通常、実行措置が増えればシステムにも変更が必要となる。ここで、「バランス・スコアカード」[1]の出番である。

バランス・スコアカードは、企業のミッションと戦略を可視化し、評価可能な目標に置き換える方法である。実際、このアプローチによって目標を設定し順当に行けば、企業の戦略目標実現につながるのである。その際バランス・スコアカードでは、従来の財務評価指標に他のさまざまな指標を付け加える。このアプローチを提唱したカプラン氏とノートン氏によると、「バランス・スコアカードは戦略とビジョンを中心に据えるものであり、コントロールするものではない。バランス・スコアカードによって最終目標を打ち立てることで、関係者は目標達成に必要な何がしかの行動をとるのである」。

バランス・スコアカード作成のプロセスは、通常、以下のような段階に分けられる。

- 企業全体の重要成功要因（CSF）を特定する
- 主要業績評価指標（KPI）を策定する
- 目標を設定する
- スコアカードと目標を実務レベルに落とし込む

例えば、戦略目標の一つとして、「今後5年間で市場占有率を20％に上げる」などがある。この目標は一連のKPIに落とし込まれて、順当に行けば目標達成に近づくことになる。KPIの例としては、

- X企業やY企業との流通手配を確保すること
- マージンを維持したまま販売単価を5％切り下げること

---

1 R.S. Kaplan and D.P. Norton, *The Balanced Scorecard: Translating Strategy into Action*, Boston: Harvard Business School Press, 1996（訳者注：日本語版「バランス・スコアカード－新しい経営指標による企業変革」吉川武男訳、生産性出版、1997年）

こうしたKPIはその後、主導権や目標設定といった、経営陣が実務で利用できるレベルにまで落とし込まれる。その例としては、
- 部門のコストを10％まで下げる
- 在庫水準を15％まで切り下げる

　もちろん、バランス・スコアカードの指標を設定する際には、知的資産とそのマネジメントの指標も含まれるべきであるが、こうした評価基準を設けるのは難しい場合が多い。理想的には、知的資産の質を表す評価指標はバランス・スコアカードの中で用いるべきである。
　例えば、役割スコアと実用性スコア間の平均ギャップが10％未満になるような目標を設定するといったことなどである。ただし、スコアは主観に基づいて出されるものであるため、目標がスコアに影響を与えるということは不可避であろう。
　結果、知的資産に関していえば、目標設定の焦点とは以下の点に当てられることになる。
- 知的資産マネジメントに使われるシステムの理解と有効性を測定する（上述）。
- 包括的な目標やKPIに対する企業の業績を評価する際、知的資産の影響を必ず考慮する。

　後者で重要なのは、CSF・KPI・目標の達成における知的資産の役割を明確にすることである。実際、この視点は忘れられてしまうことが多い。
　従来的な目標が存在する4領域を見ると、これが明らかに分かる。4領域とその目標とは、
- 財務：特定のマージンや特定の事業・製品・サービスによる売り上げなどが目標となる。
- 顧客：顧客維持率や市場占有率などが指標として設定される。
- 社内事業プロセス：さまざまな事業プロセスの実績に焦点を当てて指標を

設定する。事業プロセスには、市場機会の特定、納品、販売後の活動管理などが含まれる。従って目標設定の対象となるのは、在庫回転のスピード、製品パイプライン上の新製品の数、返品の数などとなる。
- 学習と成長：ここでは、以前のスコアカードの目標を達成するためのスキルとシステムに焦点を当てて指標を設定する。従って目標設定の対象は、従業員のスキル評価基準や事業上クリティカルな情報の完成度などとなる。

　もちろん、知的資産の役割はそれぞれの領域において存在する。目標や評価指標を設定する際には、これらの相互関係を特に意識するよう注意が必要である。例えば収益を予測する際は、知的財産保護を求めるためのコストを考えなければならない（このコストが企業"全体として"見合っていたとしてもである）。また取得した知的財産権が想定より弱い権利（もしくは想定より強い権利）である可能性といったリスクやそれによる財務的な結果も考慮する必要がある。

　「社内事業プロセス」や「学習と成長」の領域に対しても、目標設定をするべきである。例えば、
- XXXX年までに、専門職にある従業員の90％が「知的財産認識コース」を修了すること。
- ZZZZ年までに、90％のプロジェクトに対し、知的資産を明確化するための事後レビューを実施し、それをナレッジマネジメントシステム内で把握すること。
- XXXX年までに、すべての差別化力に対し、知的資産の実用性スコアと役割スコアを出す。
- YYYY年までに、20％の差別化力を知的資産計画でカバーする。

本社の役割とは

　一つの職務、または一人の人間がそれぞれ、目標設定や業績のモニタリングに対する責任を持つ必要があることは明白である。

　企業内において自己裁量型の組織が増加しつつあるなかで、企業本体の役割というのは、戦略構築やレビュー・課題設定のプロセスに限定されることが多い。従って、このような状況で本社の役割は上記のような評価指標を用い、運営している事業や、健全な知的資産ポートフォリオによる効果的な知的資産マネジメント手法を追求することであるといえよう。

　この課題については第16章でさらに検討を深めていく。

第8章　ナレッジマネジメントプロセス

　ナレッジマネジメントはその誕生以来、数多くのステージにおいて進化を続けてきた。当初は、企業に存在する文献を保存し、索引をつけ利用しやすくするためにITシステムを構築することに焦点が当てられていた。しかし今や、ナレッジマネジメントは単なる文書管理にとどまらない。積極的な知的資産共有の構築のためには、たとえ有用であっても未加工の情報を大量にデータベース化するだけで十分であるということはまずないだろう。最新のナレッジマネジメントでは、以下4つの要素が存在する。

- キーとなるノウハウを認識して、それらを可視化するための大綱の作成。ここでは必ずしも詳細まで把握する必要はないが、そのノウハウが持つ能力や利用方法、コンタクトポイントについての概要は明らかにするべきである。これらのノウハウが持つ能力の概要は、中央のデータベースに保存して共有することが可能である。
- 目標とする領域内でのコミュニティの形成。通常の組織構造内で発生する問題とその解決方法の共有を目的としたもの。
- 必要であれば、知識の保存と共有促進のための暗黙知の体系化と認識。ただし、暗黙知を効率的に認識するということは、ほとんどの場合困難である点について理解することが重要である。よって、本項目の活動を行う際は注意が必要である。
- 企業内のナレッジデータベースのみならず、それら自体の強みや弱みの全体像の把握。ナレッジマップとしてとらえられる。

　最後の項目は、図8.1に示すいわゆる「ナレッジマネジメントの焦点型アプローチ」において、企業が自社のリソースについて考慮する際にも利用することができる。

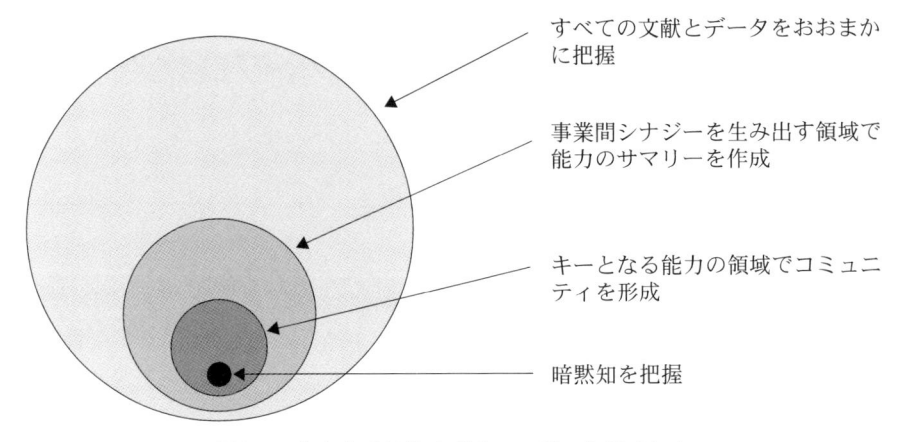

図8.1　焦点を盛り込んだナレッジマネジメント

(図中ラベル)
- すべての文献とデータをおおまかに把握
- 事業間シナジーを生み出す領域で能力のサマリーを作成
- キーとなる能力の領域でコミュニティを形成
- 暗黙知を把握

　革新的で費用効果の高い製品やサービスを提供するうえで、知識の創造・把握・共有・更新は決して欠かせないものである。こういった依存関係が存在するにもかかわらず、知識資産（ナレッジアセット）マネジメントやそのプロセスと実務は、サービス・製品を支える知識資産の管理責任者から剥離している場合が多い。これは知的資産マネジメントの場合と同様であるといえる。この剥離が、ナレッジマネジメントは付属的な任意活動であるという理解を生み、企業経営のコアの一部であるという認識がなされないことになる。

　さらに大半の企業は、ナレッジの認識とその可視化にばかり焦点を当ててしまっている。ナレッジマネジメントはプロセスや実務をとおして一人ひとりが知識を共有することを奨励するものである。ナレッジマネジメントが直面する大きな課題（個人、企業、部署が、既存構築されている局所的なネットワークの外から知識を探し求めることに対して相変わらず消極的であること）に対応するには、上記のように焦点をシフトしなければならない。

情報の把握と共有

　ナレッジマネジメントは、情報・スキル・コンピテンシーの活用を促進する

第8章　ナレッジマネジメントプロセス

ものでなくてはならない。ここに、企業が渇望するような好循環サイクルが明らかに存在する。それは、
- キーとなるような知識が企業内で可視化される
- 暗黙知が認識され、活用される
- それらの改善が行われる
- 改善活動が社内で可視化される

また、この好循環サイクルを妨げる要因が存在するのも確かである。
- 焦点の欠如：どの知識を積極的に共有し、把握するべきであるか曖昧な場合が多い。
- 時間不足と優先順位の低さ：知識の認識と共有が事業活動であるととらえていない者が多い
- 先行事例の無視：先行事例の教訓を生かしたシステムを参照・利用することに対し、消極的な者が多い。

　Peter Senge著「The Fifth Discipline」[1]では図8.2に示すような「システムダイアグラム」の利用を提唱している。図8.2ではこのタイプの好循環サイクルと阻害要因を示している。

　このナレッジマネジメント「システム」、つまり知識共有を奨励するまたは妨げるプロセスを理解せずして、企業内で一人ひとりの知識共有を奨励するために必要な行動・プロセスを明確にすることはできない。

　この「阻害要因」に対する克服例として以下のような例が挙げられる。
- 先行事例の無視：プロジェクト・製品・サービスにおいて、ナレッジデータベースやコミュニティ・オブ・プラクティスをとおして先行事例を探し、教訓を取り入れているか否かを、プロジェクトの承認ルートもしくはその他の承認ルートを活用して公式にチェックする。

1　P.M. Senge, *The Fifth Discipline: The Art and Practice of the Learning Organization*, Random House Business Books, 1993. 邦訳「最強組織の法則－新時代のチームワークとは何か」訳：守部信之、1995年、徳間書店

- 優先順位の低さ：知識資産マネジメントに必要な行動を定義し曖昧さをなくすために説明責任を課す。さらに、ノウハウマネジメントの効率性をモニタリングし、可視化する。ここでは、評価指標などキーとなる業績評価指標を使ってもよい（例えば、ナレッジマネジメントシステムから情報を導入するプロジェクトと、システムへ情報を導出するプロジェクトの比率を示す）。
- 焦点の欠如：プロジェクト・製品・サービスが持つノウハウのレビューを徹底するために、現存のレビューシステム・承認システムを利用する。ここでいうノウハウは、事業間で利用することができるような知識を特定する活動のなかで生み出されたものをいう。同じレビューシステムによって、この情報の把握や普及状態をモニタリングする。ただし、ノウハウ把握・普及への投資によってどこで利益が得られるかについて、企業が明確なビジョンを持っていることが重要である。従って、本社や多数の専門家コミュニティが責任を持って、ナレッジマネジメントシステムにおける具体的なノウハウを把握することで得られる利点を評価することになる。

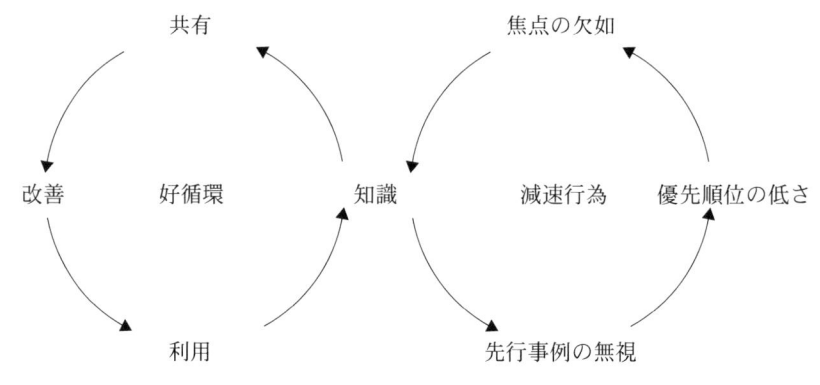

図8.2　ナレッジマネジメントのシステム図

分類・タクソノミ・オントロジ

　情報を保存・検索し、またアクセスできるように索引づけ・構成することは、

それ自体が複雑な課題なのである。企業が情報を分類し検索できるように索引をつけるためには、タクソノミ（情報分類のため）やオントロジ（情報同士の関係性を明示するため）がしばしば使われる。

　オントロジやタクソノミは、情報を分類して樹形図にするための手段の一つであると考えられている。しかし、これらのアナロジーを使う場合は、樹形図中の複数の箇所からあらゆる情報が出現しうるということを明らかにしなければならない。

　通常、オントロジやタクソノミの作成は手作業（マニュアル）で行うことが多く、文献の内容よりは企業の事業特質を示すようなカテゴリーを選ぶことが多い。すなわちオントロジやタクソノミは、産業に特化したものであると考えることができる。

　一度情報が生み出されれば、その後の識別・検索のため、作成者や中央機関が適切にタグづけを行える。しかし、多くの企業では作成者がしたタグづけが不正確になされているという事実が存在するということもあり、こういった業務は企業本体もしくは中央機関のもとに行うべきであろう。

コミュニティ・オブ・プラクティス

　ナレッジマネジメントは、学習と発展を促すようなプロセス・構造を形成するものでもなければならない。その手法の一つは、部門間・企業間において共通の課題や解決法を共有しているコミュニティの形成を促進することである。このような「コミュニティ・オブ・プラクティス」[2]の展開を促進することで、課題と解決法の共有をとおし、最良の実践法（ベスト・プラクティス）を進展させることができるのである。

　こうしたコミュニティの形成を望む企業にとって最初の課題となるのは、多くの場合「どの領域にコミュニティを打ち立てるか」である。

2　E. Wenger, R. McDermott and W.M. Snyder, *Cultivating Communities of Practice*, Harvard Business School Press, 2002. 邦訳「コミュニティ・オブ・プラクティス－ナレッジ社会の新たな知識形態の実践」訳：櫻井祐子、著：野中郁次郎、野村恭彦、2002年、翔泳社

仮に、差別化力や実現力が企業内でばらばらな場合は、まずはそれら能力をコミュニティの理論上の焦点とする。こうした能力には、カスタマーサービスアドバイザーや機械設備のオペレーターまでさまざまな領域をカバーすることができる。差別化力中心のコミュニティ・オブ・プラクティスでは企業内の従業員のみが参加する傾向にある。ただ実現力中心の場合は企業外人までコミュニティ・オブ・プラクティスを拡大させることで得られるメリットも存在する。

　いったんコミュニティが出来上がると、ノウハウの構築と共有を促す必要が出てくる。ここでのアプローチはコミュニティの性質に依存するものの、コーディネーターの選定や四半期ごとのミーティング、毎月のテレビ会議の調整などはあらゆるコミュニティの構築に必要不可欠であろう。ミーティングやテレビ会議では、それぞれが努力目標と有望な解決法を共有するように促さなければならない。

　少数精鋭の中心メンバーに加えて、多くのネットワークがコミュニティ内に構築され、相互交流の慣性力維持の手助けになり始める。ITシステムに強く依存されるものの、それぞれのネットワークで固有の情報共有メカニズムが構築され始める。

　こうしたコミュニティを形成し、維持する際に、コーディネーターの役割は極めて重要なものである。コーディネーターの役割は次のとおりである。

- ミーティングやテレビ会議のアジェンダを作成して議題を明確にする
- ミーティングの実施場所を調整する
- コミュニティ同士を識別して間を持つ役割を果たす

　従って、コミュニティ・オブ・プラクティスを設立する際には、コーディネーターの選択を誤らないことが極めて重要である。コーディネーターはネットワークを構築するスキルやコミュニティで扱う問題への技術的理解力、さらに最も重要な、コミュニティを牽引する時間と意欲を持ち合わせていなければならない。ただ、単にネットワークを立ち上げ、いきなり情報の共有を期待するような愚行は、ナレッジマネジメントの専門家が陥りやすい罠である。

実際には、筋道のとおった議論をもとにして、ナレッジマネジメントを実用に供し得ることはめったにできるものではない。議論よりも、変化を強制することが求められてくる。従って、こうしたコミュニティ・オブ・プラクティスには、公式な役割を与えることが重要になる。例えば、調査企画書、入札書類、仕様書などに対する専門的な評価をコミュニティに作成させることもできるであろう。このように、コミュニティに特別なタスクを与えることで、コミュニティは協調して行動せざるを得なくなるのである。

ノウハウ・ギャップ

　ナレッジマネジメントには、知識ベースのSWOT分析（Strengths, Weaknesses, Opportunities and Threats）も含まれる。

　これを対象とするのは、やりすぎのように思えるかもしれないが、まずは低いレベルから実践するとよい。上記コミュニティ・オブ・プラクティス内、または差別化力・実現力のレベルで行ってもよい。どちらの場合でも分析の焦点は以下となる。

- 自社の知識と競合他社・顧客・流通・サプライヤの知識を比較し、企業、プロジェクト、サービスレベルにおける意義を考慮する。
- すべてのギャップをなくすための戦略を立てる。

ナレッジ調査とナレッジ戦略

　ナレッジ調査とは、企業内の形式知と暗黙知の源泉を特定し調査するものである。これによりナレッジの大きな流れと、プロセスの欠陥をチャートで示すことができる。Ann Hylton博士は、ナレッジ調査はあくまで知識を調査するものであり、情報・文献・ナレッジマネジメントシステム自体の調査ではないと明言している。[3]この調査を行うことで、積極的な知識資産マネジメントによって価値が創出される領域を特定することができるであろう。

3　「ナレッジ調査（knowledge audit）」は、第一に調査である。A.Hylton, July 2004, www.annhyton.com

ナレッジ調査は、通常、次の一連の面談をとおして実行される。
- 最初の段階で、調査する側は製品やサービス供給の知識について一般的な重要性をとらえ、知識が現在いかに効果的に活用されているかを理解する必要がある。通常こうした理解は、企業内のすべてのレベルでさまざまな人物と一連の簡易な面談を行うことで得られる。
- その後さらに詳細な面談を行い、企業内の形式知と暗黙知の源泉を特定・調査する。ここで、製品やサービス供給に影響を及ぼす知識資産の特定が重要なのは明らかである。

こういった活動が主な取り組みである。さらに調査の担当者は、事業内容を明確に理解し、面談を受ける側の意見を汲み、互いの意見を相互にクロスチェックする必要がある。従って、調査する側は進行役を務めるだけでなく、事業と技術のバックグラウンドを持つ人物でなければならない。これらのスキルを持ち合わせる人材はなかなかいないため、ナレッジ調査で見込みどおりの成果が上がらない場合が多いのである。

最終的にこういった調査では、ある意味で不十分な知識や欠陥のある知識を強調すべきである。この点を理解して、クロス・ビジネス領域を明確にし、ナレッジ戦略に焦点をもたらすことができる。クロス・ビジネス領域で必要としているものは、
- コミュニティ・オブ・プラクティスの形成
- ナレッジ・ギャップの解消
- 情報公開をマネジメントし、機密情報漏れを防ぐためのシステムの強化
- 暗黙知の把握

第3章で述べたように、戦略は個々のプロジェクトのニーズに左右されたりするものでもなければ、そこから派生する活動の詳細に関するものでもない。企業全体に利益をもたらす活動であり、個々のプロジェクトやサービスでは見過ごされてしまう活動に関するものなのである。

第 8 章　ナレッジマネジメントプロセス

　従って、プロジェクトやサービスのマネージャが企業全体の利益となる知識の局所的な構築・把握・維持・保護・共有に関しての意思決定を下すときには、ナレッジ戦略がその助けとなるのである。

　ナレッジ調査はいったん完了すればその後も継続的に更新される。更新のためには意思決定システムによって、プロジェクト・製品・サービスが持っている（もしくはアクセス可能な）知識資産の欠陥や問題を明確にすればよい。こうした情報は、図8.3に示すように、プロジェクト・製品・サービス知識資産間の関係性を調査し、継続的に更新するために使用することができる。

　どれだけ多くのプロジェクト・製品・サービスがその情報に支えられているかをチェックすることで、企業の差別化力や実現力のリストを更新することができる。

　このプロセスは、重要な知識資産の共有を奨励する際、コミュニティ・オブ・プラクティスやデータベースが効力を発する領域を特定するためにも役に立つ。

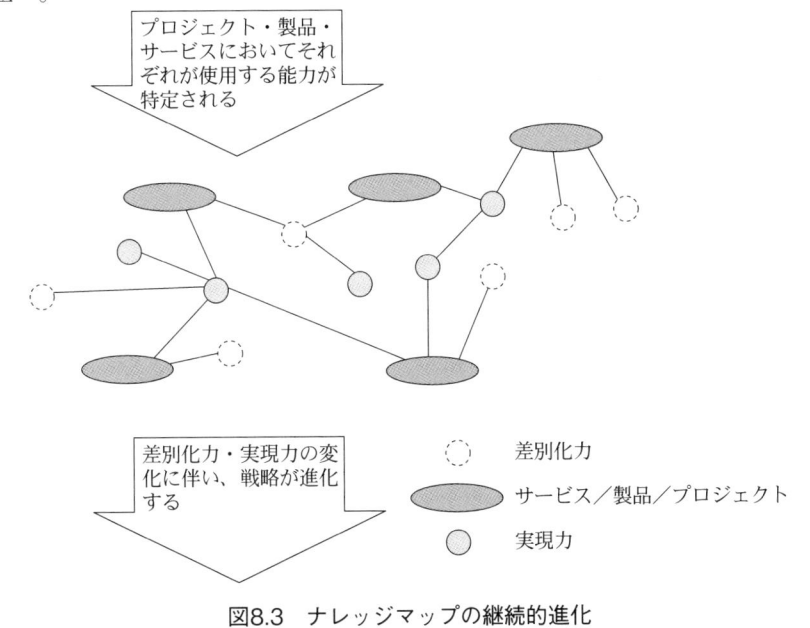

図8.3　ナレッジマップの継続的進化

まとめ

上述と、図8.4に示されるとおり、ナレッジマネジメントでは情報共有ソフトウエアとITインフラの開発のみに焦点を与えてはいけない。つまりは、以下に示される活動についても焦点を当てる必要があるということである。

- キーとなる知識・スキル・コンピテンシーを特定するために既存の意思決定システムを利用する。
- 既存の意思決定システムによって情報の把握・検索がされ、必要に応じてプロジェクト・製品・サービスで用いることができるようにする。
- キーとなる能力の領域で、コミュニティ・オブ・プラクティスを形成し、把握できていないノウハウを共有できるようにする。
- 既存の知識ベースに関してSWOT分析をし、この情報を知的資産戦略で利用する。
- 既存の文献を把握し、利用できる状態にする。

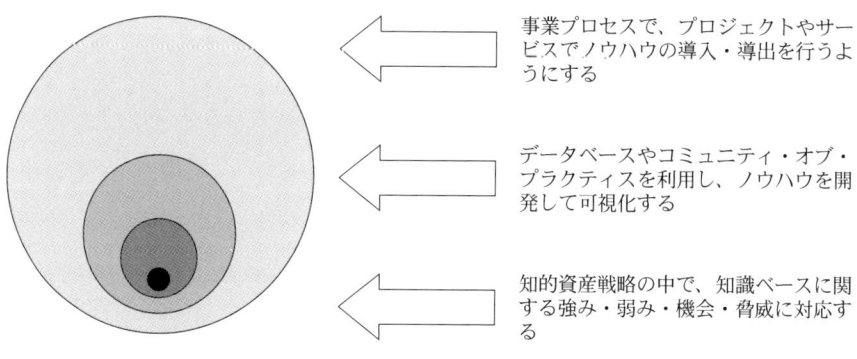

図8.4 ナレッジマネジメントと現存のシステムの統合

第9章　情報マネジメントプロセス

　本来、ナレッジマネジメントとは、情報を共有して最大限に利用することを前提としている。しかし、商業上、機密情報の存在は不可避であり、内外への情報流布に関しては、厳しい規制が必要である。従って、企業内で機密情報を特定し、その伝播を規制するプロセスを構築しなければならない。このプロセスでは以下の項目が必要となる。
- 情報の機密性を定量化するための指針
- 統一した機密性表示システム
- 特定の情報公開に関する明確な承認ルート
- 機密情報の明確な取り扱い指針

分類（クラス分け）
　一般的に企業では、商業上の機密をレベル別やクラス別に分類している。また、情報の分類方法のみならず、分類決定の権限を持つ人物を従業員に伝えているのである。例えば、以下の3つのレベルに分けることができる。

クラス（1）
　第三者や特定の従業員に流出した場合に、企業の利益が損なわれるような情報。以下の項目を含むような大まかなリストを用いることで、このクラスに該当する情報を定義することができる。
- 事業・財務計画
- コスト情報
- 事業計画
- 企画案
- 人事情報

クラス（2）

競争上の優位性を生み出すような情報である。ここでリストに含まれるのは、

- コンピュータのソースコード
- プロセスに関する情報や手法
- 計算方法
- 現時点で特許にはなってはいないが、将来的に特許化される可能性のある発明
- 非公開の第三者情報を含む情報
- 組織図

クラス（3）

機密性のない情報である。クラス1やクラス2に該当しないものはすべてこの分類となる。

企業によっては国家防衛上の機密物を扱う場合もある。ここでは、「最高機密」や「極秘」など他の分類レベルも設けなければならない。この場合は、政府が情報の分類・管理手法のガイドラインを発行することになる。

情報分類を決定する人物も明確にしなければならない。このアプローチは企業によってさまざまであるが、一つ例を挙げると以下のようになる。

クラス3は情報作成者が協議なしで分類することができる。

クラス2は、情報作成者がクラス2であると判断する情報もしくは分類先が不明確な情報に対して、ラインマネージャの承認を得て分類する。

クラス1は、情報作成者とラインマネージャがクラス1であると判断する情報、もしくは分類先が不明確な情報に対して、指定の責任者の承認を得て分類する。

情報公開の承認

それぞれのクラスの情報を第三者・関連企業・従業員へ公開する際に、この情報公開を承認する人物を明確にしておかなくてはならない。クラス3の機密性のない情報に関しては、公式な情報公開の承認システムは必要ないと考える企業もある。しかし誤って分類された情報が、公式なチェックが行われないまま公開される危険性もある。

承認システムを必要とする際は、通常以下のアプローチのうちの一つが適用される。

- 複数のキーとなる部門から承認担当者を選任しリスト化する。情報公開の際には、すべての承認担当者が、公開によって受けるメリットに対して同意しなければならない。
- 窓口を一つだけ設け、この窓口が、情報公開前に協議すべき人物を特定する責任を負う。
- 窓口を一つだけ設け、この窓口で、情報公開が適切か否かを判断する。
- 情報作成者とラインマネージャが、情報公開が適切か否かを判断する。

上記最後のアプローチは、クラス1の情報にはほとんど適用されないが、クラス2やクラス3の情報に対しては適切なアプローチであるといえよう。承認担当者のリストや、中央窓口が使う「選定リスト」のどちらを作成する場合であっても、承認担当者は次の部門から指名されることが多い。

- 営業部門
- 知的財産部門や法務部門
- 技術部門
- 情報の「所有者」
- PR部門
- 輸出管理担当や輸送価格設定担当

また、法律上の取り決め、例えば秘密保持契約や規約などでカバーされている情報に関しても、公式にその公開を承認するべきか否か判断する必要がある。例えば、秘密保持義務に関する公式許諾があったとしても、クラス１の情報を第三者に公開する際に承認を要するという見方もある。

　第三者が現在手がける作業に、情報の公開が不可欠である場合は、契約上の義務を履行する前に、公開した場合の影響をしっかりと検討しておくべきである。従って入札プロセスにおいては、法的拘束によって情報公開を迫られてしまう時点ではなく、入札のトラッキング段階で、顧客への情報公開の影響を考えなければならない。このようなプロセスでは、例えば、プロジェクトで公開されうるクラス１の情報を特定し、入札前にその公開に対する承認を得ておく必要がある。

　特に政府関連の契約などでは「契約期間中ある特定の状況下において、顧客は受託業者が使用する情報を利用する権利を有する」と規定するものもある。この場合には、こうしたプロジェクトで機密情報が使用される前に、その影響を考慮する必要がある。さらには、入札ツールやステージゲートプロセスなどの意思決定プロセスにおいて、こうした影響を重視するべきである。

情報の取り扱い

　機密情報を取り扱うということは、それ自体複雑な問題であろう。ここでは以下の項目に対応する必要がある。

- 機密情報の保管
- 機密情報のハードコピー、電子コピーの移転
- 機密情報の所有者
- 従業員に対する機密情報取り扱い許可

保管

　企業によっては、特定のクラスに分類される情報は安全なITシステム上にのみ保管し、ハードコピーは特殊なキャビネットに施錠して保管するというこ

とをしている。行動規定を設け、こうした情報をデスク上に放置しないようにし、非常に機密性の高いものは安全な場所でのみ利用可能などとすることもできよう。また、情報を保持する期間を設定したり、情報を破棄する頻度を検討したりしてもよいであろう。

転送

企業によっては、機密情報のハードコピーは封筒に入れ、返信先を明記して受取人のみが開封できる旨をラベル表示したうえで送付するところもある。

ただしこうした注意書きをつけることで、機密物の存在が周囲の目を引いてしまうという危険もある。よって、二重の封筒を使用して内側の封筒に、受取人のみが開封できる旨を通知しておく必要が生じる。

また企業によっては、暗号化された特定の情報は、インターネット経由でのみ送信することとしているところもある。ここでは、事前に情報送信に対する規制が必要となるであろう。例えば、電子タグをつけることで情報の転送やプリントアウトを阻止するようなITシステムの構築などである。ただこういったITシステムは複雑かつ高価であるため、機密性の高い情報を大量に電子送信する場合でない限り、使用価値は低いものになってしまう。

所有権

機密性の高い情報に関しては、その物理的な場所と所有者の記録を残しておくのがよいであろう。この場合は、ハードコピーに対してそれぞれ特有の識別番号をつけるという手段がある。電子手段で情報を送信する場合は、このアプローチを適用することは難しいが、機密性の高い電子ファイルに特有の電子IDをつけて、必要に応じて大本の所有者が分かるようにすることはできるであろう。

機密情報取扱許可

特定の情報に対してアクセスができるユーザグループや個人を明確にしてお

くとよい。これはハードコピーの情報にもITシステム上の情報にも当てはまる。国防機密の場合は、間違いなくこのアプローチが必要であり、「外国籍の人物」のような特定グループは、情報のアクセス権利者枠から除外されることとなるであろう。

情報の表示

　最終的に公知となる情報や、第三者の手に渡る情報の場合、コピーライトのクレジットを用いるのが適切である。クレジットにはさまざまな形が存在し、クレジットによって特別な権利が付加されるわけではないが、受け手に対して情報の発信者が権利を履行する意思があることを伝えることはできる。以下例文となる。

　　　Copyright© 会社名（対象物の作成年）

　　　Copyright© 会社名（対象物の作成年）
　　　禁無断複写・転載。著作権者の書面による許諾を得ることなく、本発行物を複写、保管または送付することを禁じます。

　　　Copyright© 会社名（対象物の作成年）
　　　禁無断複写・転載。著作権者の書面による許諾を得ることなく、本発行物を複写、保管または送付することを禁じます。
　　　警告：本著作物の不正使用は、民事・刑事責任を問われる場合があります。

　同様に、無断複写・転載禁止の通知を電子メールに自動的に添付することも多い。以下例文となる。

　　　本電子メールおよび添付ファイルはすべて商業上の機密および／または特許を保有しています。これらは受取人のみが利用できるものです。

誤ったあて先に届いた場合、これらの複製・使用・他者への表示を禁じます。エラーのある電子メールをご返信いただき、当該電子メールをシステムから削除してください。

第三者情報の複製

　第三者の情報の不正複製は著作権法によって禁じられている。こうした規定は、もちろん個人や企業による著作物・地図・ソフトウエアなどの大規模で不正かつ意図的な複製に対する規制を保証するものである。しかしながら、著作権法による規制は極端すぎるところもあり、例えば次のような点が挙げられる。
- 著作権者によってインターネット上に置かれた企業情報であっても、ダウンロードしたりプリントアウトしたりすると、著作権侵害が成立してしまうことが多い。
- 第三者の特許明細書の複製は、特許法が明らかにこうした情報伝達を前提としたものであるにもかかわらず、これ自体、特許権者の著作権侵害となるのは議論の余地が残るところである。

　近年まで、英国内の多くの企業は、こうしたレベルの低い複製を擁護する「公正取引」関連の規定に頼っていた。著作権法に含まれるこれらの規定により、従業員が研究や個人的な学問をするために情報を一部複製することが許可されていた。しかし近年の法改正により、研究が営利目的であれば（大概の研究は営利目的となるが）、著作権法が適用されることとなった。

　また、以前は個人が複製申請を行い、「文書の再複製をしない。本複製は研究や個人的な学問のために要するものである。」と記した書類に署名すれば、図書館員が文書を一部複製することができた。これも今では、研究や個人的な学問が非営利目的である場合に限り許されている。

　従って、企業が著作権法を100％遵守することは大変難しい。よって、従業員が文献の一部を複製することに対して企業のとる立場は、以下のように難しいところがある。

- 著作権者の許可なしに複製することを禁じる方針を導入し、徹底する。ただし、極端にいえば、このスタンスは企業の通常の営業活動に支障をきたしうる。
- 著作権者の許可なしに複製することを禁じる方針を導入するものの、徹底しきれない場合もあろう。侵害が発覚すれば、侵害した従業員に対して雇用者が責任を負わせ、処罰を受けさせることもできよう。とはいえ実際、これは良好な手段であるとは言いがたい。
- 特に対応策を立てず、従業員の真摯な行動に期待することもできよう。
- 著作権ライセンス協会や新聞ライセンス協会などの情報収集機関からライセンスを取得することもできるであろう。

公に認められているわけではないが、企業のスタンスは、侵害が発覚し訴訟を起こされる確率を検討して決められることがある。他社の権利を故意に侵害している場合、特にソフトウエア会社・新聞社・地図発行社等、著作権製品から主な収入を得ている企業の権利を侵害している場合は、法律に反するのはもちろんのこと、訴訟問題に陥る可能性が高くなる。

しかし、侵害の頻度が低く権利者の営業に得損害を及ぼさず、主に個人や中小企業の権利を侵害している場合は訴訟問題に陥る可能性は極めて低い。このようなケースに対しては、企業として従業員の行動方針を導入しなければならないというプレッシャーは低いものであろう。

残念ながら、侵害の度合いが低いものであっても、CLA（Copyright Licensing Agency）やNLA（Newspaper Licensing Agency）などの機関が法的措置に訴える危険性は依然として存在する。これらの機関は、訴訟を起こすことで他社のライセンス取得を奨励できると見込んでいる面もある。

CLAのような機関は、他社の著作権侵害を危惧する企業にソリューションを提供しているものの、残念ながらすべての権利を提供できているわけではなく、ライセンスされた権利のみしか提供できない。そのため、情報収集機関からライセンス供与されている企業であっても、従業員がその都度複製してよい

ものかどうかチェックする必要がある点を強調しておかなければならない。
　そのためには、ライセンスを得ている企業を調べ、膨大なリストを作成する必要が出てくる。つまり、情報収集機関からライセンスを調達している多くの企業が、実際に明確かつ現実的な方針を策定できているかどうかは疑問が残るところなのである。それどころか悲観的な見方をするならば、このようなライセンス取得は、情報収集機関からの法的措置を防ぐ以外の意味はほとんどないととらえることもできるのである。

第10章　パテントポートフォリオマネジメント

　パテントポートフォリオマネジメントは、ナレッジマネジメントや知的資産マネジメントとは無関係であると認識されていることが多い。しかし多くの企業の実例をみると、実際のところパテントポートフォリオに必要なツールやプロセスは、知識資産マネジメントや知的資産マネジメントにたやすく適用することが可能なのである。従って、効果的なパテントポートフォリオマネジメントは、知的資産マネジメントへの第一歩であると考えることができる。

　このことを検討するため、パテントポートフォリオマネジメントに必要なツールやプロセスを検証する。これらツールやプロセスには、以下のタスクが含まれる。

- 発明を発掘し、特許出願が可能か、いつ出願するべきか、そしてどの範囲で出願するべきかを査定する。
- 拘束力のある第三者の特許を特定し、この特許を検証して対応策を実行する。
- ポートフォリオの強み（Strengths）と弱み（Weaknesses）を明らかにして、事業戦略内で機会（Opportunities）と脅威（Threats）に対応できるようにする。

　つまりパテントポートフォリオマネジメントでは、特許そのものだけではなく、企業としての効果的な意思決定システムを構築することにも焦点を当てなければならないのである。特許委員会が出願・更新・放棄について決定を下していては、特許部門が注目する発明しか考慮できなくなり受身的な対応となってしまう。つまり、ポートフォリオと事業上の必要性が整合しなくなってしまう。

　従って、特許マネジメントでは第一に、事業上の必要性と整合するポートフォ

リオの作成プロセスを理解しなければならない。バランスの取れたポートフォリオを作成する際に助けとなるものと、悪影響を及ぼすものについて図10.1に示す。

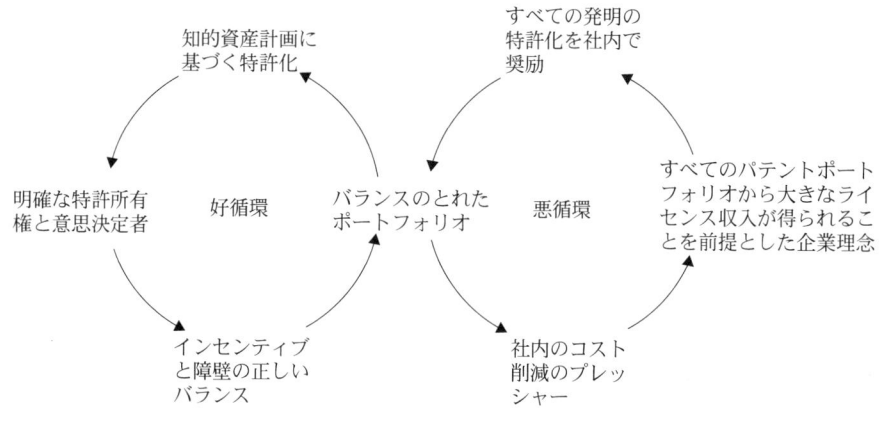

図10.1　特許マネジメントのシステム図

　図からも分かるとおり、企業のイニシアチブによってポートフォリオのバランスが崩れることもある。ここでは以下のようなイニシアチブを含む。
　作為的に特許化率を上げるために、善かれと思って与えたインセンティブ。結果的に、焦点の定まらない漠然としたポートフォリオができてしまう。
- 特許費用削減のプレッシャー。コストの削減により、価値の高い発明が特許化されない可能性がある。
- 事業上もはや必要なくなった特許を維持することにおけるプレッシャー。パテントポートフォリオと市場戦略の方針ではこの特許の売却・ライセンスによる収入はないにもかかわらず、収入を見込めるという思い込みが存在する。

　こうしたイニシアチブに代わり、企業がなすべきことは
- 特許出願に際して、社内のインセンティブと障壁を調和させること。発明者報酬制度や、特許化への資金拠出を調整する。

- 意思決定システムなど既存の事業プロセスを用い、特許化を考慮するべき発明を強調する。
- 中核事業と整合しなくなった特許の所有権を明らかにする。

こうした基準の目的は、単に発明されたものすべてを特許化するのではなく、製品やサービス上の必要性を図ったうえで、特許化が決まるようにするものである。

意思決定システムの利用

第５章で述べたように、あらゆる企画案にはその一部として知的資産計画を添える必要がある。そのため当然ここにも特許化計画は含まれる。この特許化計画を完成させるためには、意思決定システムで再検討をしなければならない。再検討を行う際には、以下の項目が特許化計画で扱われていることを確認する。

- 特許の役割と重要性。（クロスライセンスによって見返りをもたらすものか。競合他社・顧客・サプライヤ・流通における商業活動の自由度を制限させるものとなっているかなど）
- 特許化が必要な技術領域。秘密を維持するべき領域、あるいは公開するべき領域
- 特許出願のタイミング。手続き処理の加速・減速によるメリット。
- 防衛特許を必要とする領域。競合他社・顧客・サプライヤ・流通によるリバースエンジニアリング・複写によって遺失する利益を守るため。
- 特許にかかる予想支出と資金源。
- 第三者の特許を調査するタイミングと、その際に用いるキーワード。（これとは別に、既存の特許モニタリングプロセスにも、既にこの項目が含まれていることを特許化計画で確認すること）
- 第三社によって自社の知的財産権が侵害される可能性をモニタリングすること。
- 知的資産戦略と適合した特許化計画の有無。

上述したように、知的資産計画や特許化計画の妥当性は、意思決定システムで再検討するべきものである。具体的には、事業・製品・サービスのライフサイクル中のしかるべきポイントで適切な問いを投げかける。例えば、次のような問いかけである。
- プロジェクト承認ルートではとりわけ、事業の成功が特許によって左右されるか否かを問う。もしそうであれば、既に権利化によって保護がなされているのか、出願中なのかを問う。
- 入札トラッキング段階では、入札意思決定システムによりとりわけ、入札書類に記載されているアイデアが適切に保護されているか否かを問う。
- 出版物などの承認ルートでは、記載されたすべての発明を既に特許化していること、また発明の開示が適切な知的資産計画にのっとっていることを確認する。

こうした計画が存在することで特許部門は、注意すべき発明をより効果的に優先させることができるようになる。特許化プロセスは、署名・証明・日付の記載された発明開示文書を受理するところから始まる。この開示文書によって、公式に発明の記録が残り、優先権の主張を可能とするのである。通常、発明提案書とは以下の項目を含むものである。
- 発明の作用、先行技術[1]からの進歩性、発明が解決する課題の説明
- 早期特許出願の締め切り期日
- 発明者とその雇用主のリスト

企業内で大量の発明がなされる場合、特許部門や弁理士個人が作業に優先順位をつけるのは難しいものである。ただし、発明提案書に特許化計画（または知的資産計画）について言及されていれば、すべき行動を素早く認識して優先することができる。さらには、こうした計画があれば、事業における特許保護

---

[1] 「先行技術」とは、特定の技術領域でこれまでに公開された情報全体を指す言葉である。新規性がないため、特許化することができない領域を表している。

の必要性を明確にすることができ、弁理士が明細書を草稿する際の大きな手助けになるであろう。

パテントレビュー

　大規模なパテントポートフォリオを抱える企業の多くは、定期的なレビューを行い、権利範囲の妥当性を確認している。通常こうしたレビューには、個々の特許もしくは特許群のメリットを検討することのできる技術部門・知的財産部門・営業部門の担当者が加わる。形式化したプロセスによって、意思決定を補足する評価基準を作成することが多い。この評価基準については、第16章で検討する。

　理想的には、こうしたレビューにより、企業内の事業計画や差別化力・実現力に対応するパテントポートフォリオを作成するべきである。つまり、現時点で特許の保護がなされていない領域、もしくはほとんどないような領域もレビューの対象となる。

　このアプローチにおける特許委員会の役割は、こうしたレビューやその他意思決定システムによってなされた決定事項を再検討して承認することである。

　さらにこうしたレビューから生じた情報は、形式上、発明提案書の情報と組み合わされる。これを中央で集め、インデックスをつけてデータベース化することで、図10.2に示すような、特許化技術を可視化するための強力なツールを作成することができる。

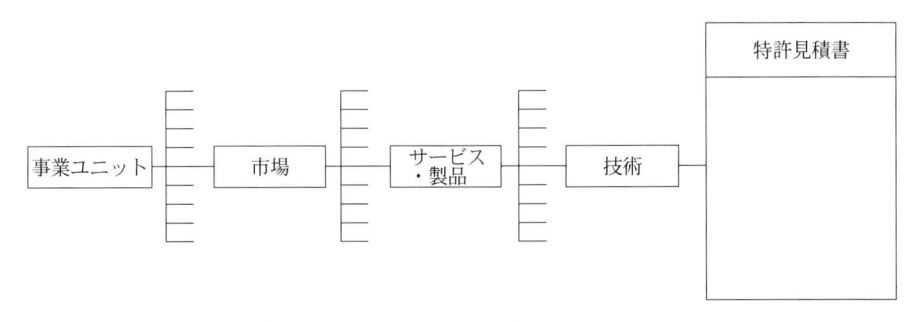

図10.2　特許化技術をインデックス化し説明するデータベース

こうしたデータベースは、以下のようにさまざまな追加機能を持っている。
- 特許を出願するもともとの理由を、適切な決断ポイント（例えばPOC trial：Proof of concept trial）とともに記録すること。
- それぞれの特許が持つ実用性の記録を中央機関で作成して、特許更新を判断する際に役立てること。
- 利益を生み出せる事業を特定し、コストを適切に回収できるようにすること（適時）。
- 第三者に譲渡した権利、もしくは譲渡された権利の記録。
- それぞれの事業と特許部門とのコミュニケーションを補助すること。

さらに、この種の特許データベースは、特許化されていない技術の情報も含んでいるため、ナレッジマネジメントシステムの基礎ともなる。

インセンティブと障害

企業内では、特許出願に対する奨励／抑制するシステムが、意図的もしくは自然に構築される。よくあるプロセスを2つ挙げるとすれば、特許化への資金拠出を緩めることと、発明者への報酬レベルを調整することであろう。

報酬

発明者報酬制度は提案制度と一緒にすべきではない。提案制度は、人材や既存設備の使い方を向上させるものであるが、発明者報酬制度は新たな設備やプロセスが導入されるような発見に関するものでなければならない。

従って、発明者の報酬については、特許化の可能性を持つ発明に焦点が当てられることが多い。

以下は発明者報酬制度の基本的な3タイプである。
- 発明者に証明書や金銭以外で評価を表すものを与える制度。
- 発明のメリットに関係なく、出願数や特許取得件数に応じて発明者に小額の金銭報酬を与える制度。
- 発明がもたらす利益を元に、発明者に一定の金銭報酬を与える制度。

第10章　パテントポートフォリオマネジメント

　なお、多くの国々では、企業が発明者に報酬を与えることが法律によって義務づけられている。報酬を与える基準とその支払い金額は国によってさまざまである。従って、発明者報酬制度の最低ラインは、地元の法律の基準に適合するように設定する必要がある。

　自社特有の発明者報酬制度を導入して、法律で定められた報酬基準に上乗せをしている企業もあるが、これには以下のさまざまな理由が挙げられる。

- はっきりした報酬／評価システムを作ることでやる気を維持し、発明者同士が競争する環境を作り上げることができる。
- 適切なチャンネルをとおしてアイデアが伝わり、発明者が特許化プロセスを全面的にサポートしてくれるため、こうしたサポートが必要な仕事の進捗が早い（特許取得手続きの過程では、多くの時間と労力を発明者に要するため、追加報酬に値すると考える企業もある）。
- 特許や知的資産マネジメント全般に関する従業員の意識を高めることができる。
- 特許の商業利用度に応じて報酬額が決まるようにすれば、発明の商品化において、発明者の助力が得られる。

　しかし、こうした制度を導入すべきではないとする企業もある。この理由は以下となる。

- 経営陣からすれば、研究開発のスタッフは発明をするために雇用しているのであり、その契約内の仕事を奨励するために追加報酬を与えるのは適切ではない。
- こうした制度では、運のよい従業員、つまり新発見が見つかりそうなプロジェクトを担当した者にのみ報酬を与えることになってしまう。
- こうした制度では、商品化プロジェクトにかかわった「発明者以外」の従業員に対し、プロジェクトの成功報酬がなければ、気分を害する者が出てしまう。
- 金銭報酬のため、特許明細書の発明者リストに「発明者でない人物」を加

えなければならないプレッシャーがかかる。最悪の場合、これで特許が無効になる可能性もある。
- 発明がなされた時点から、その価値が判明するまで、かなり時間がかかる場合が多い。従って、結果的に不適切である可能性があっても早期に報酬を与えるか、モチベーションを高める効果が下がっても報酬を遅らせるか、企業はどちらかを選択しなければならなくなる。
- 企業側は特許化の前に適切に発明を審査しなければ、事業上の必要性が全くない特許や、あってもわずかな特許の出願を発明者報酬制度が促すことになりかねない。

　第三者からのライセンス収入がある場合は、発明者や当該技術を商品化した関係者に、その収入の一部を配分するのが適切であろう。こうしたロイヤリティの分割は、大学でよく行われており、通常、純利益は発明者、学部、大学の間で分割される。この場合、収入レベルによってロイヤリティの分割方法はさまざまである。ライセンス料が低い場合は通常、発明者が収入の大半を受け取ることになる。ロイヤリティが増えると通常、学部と大学への配分される金額が増える。
　しかしながら、ここでも依然として上記報酬制度の問題点は存在する。例えば、発明してから収入を得るまでにはかなりの時間がかかるのが一般的である。さらに発明者だけでなく、商品化に携わった「すべての者」に報酬を与えるように注意する必要がある。
　場合によっては、スピンオフ企業を設立し、知的資産を商品化する企業もある。
　スピンオフ企業のエクイティのシェアを発明者に与えると、知的財産権獲得への協力促進となるばかりでなく、商品化プロセスで積極的なサポートが得られる。
　ただしこのアプローチの欠点として、以下の点も考慮しておく必要がある。
- 企業経営を目的として研究者にシェアを与えたわけでないにもかかわら

ず、スピンオフ企業の中での経営層が、研究者によって占められる可能性が出てくる。
- 発明者は、もともとの職務を一定期間離れなければならなくなる。詰まるところ、商品化プロセスはキーパーソンである従業員を失うことになる。
- 利権争いが起きる可能性が出てくる。この争いに備えたり、実際に対応したりする際には注意が必要である。

上記から明らかなように、産業や企業によって発明者報酬制度の適用は異なった価値を持つ。新たな発明者報酬制度を導入する前、もしくは既存の制度を変更する前にはリスクと利点をすべて慎重に検討しなければならない。

資金調達
　特許取得と維持には膨大なコストがかかる。そこで、こうした支出の要否を明確に判断することが重要となる。必要な特許だけを出願するためには、企業内のコスト配分方法がキーファクターとなる。ここで、以下４つの基本モデルが存在する。
- 企業自身からの資金供給：当コストを間接費とするものであり、利益率の高い事業領域やプロジェクトから直接回収しない。
- 利益率の高いプロジェクトからの資金供給。
- 利益率の高い事業領域からの資金供給：ただし特定のプロジェクトからコストを回収することはしない。
- 本社のライセンス部門、もしくは知的財産を保有するカンパニーからの資金供給。

　支出を正当に説明するには、特許化コストに見合ったプロジェクトにするということが最も簡単なアプローチであろう。こうすれば、プロジェクトの収益とあらゆる諸経費との採算が取れる。しかし多くの企業では、これを実行することで特許化に対して消極的な姿勢が生じることになってしまっている。

つまり、プロジェクトがある程度進行するまで諸経費を確定することは難しい場合が多く、確定してから権利を取得したのでは手遅れとなってしまうためである。逆に、コストが企業全体で採算がとれれば、たとえ金銭上の見通しが少なくても特許取得に踏み切る傾向が高い。

　複数の特許出願を行う場合には、さらなる問題が浮上する。特許とプロジェクトの比率が一対一でないような大規模なパテントポートフォリオの場合には、一つのプロジェクトや一つの事業領域に対し、どの程度の支出であれば釣り合いが取れるのかという合意を得るのは難しい。

　以下、資金調達ルートを選択する際に指針となる要素を例示する。
- プロジェクトを基にした資金調達：特許化によるリターンが早期に反映される場合、もしくは知的資産の役割が事業上高く評価されている場合に最も適切であろう。
- 事業を基にした資金調達：知的資産に対する意識はかなり高いものの、プロジェクトにおいて特許化によるリターンが早期に反映されない場合に最も適切であろう。
- 企業全体を基にした資金調達：企業全体として、知的資産に対する意識が低い場合（かつプロジェクトや事業を基に権利化決定を下さない場合）に最も適切であろう。
- カンパニーを基にした資金調達：本部に知的財産を保有するカンパニーを形成し、第三者へのライセンス許諾、もしくはグループ各国内での知的財産クロスライセンス（第13章で詳述）をマネジメントする。

　実際には、企業本体がすべての特許手続きに資金を拠出するケースは次第に少なくなっている。代わりに事業単位で特許化の資金を拠出するか(この場合、知的財産を保有する部門や子会社は、一つの事業とみなす)、企業本体とそれぞれの事業の間でコストを分散するようなシステムが用いられている。コストを分散するための一つの方法として、特許協力条約（PCT）[2]ルートを利用し

て特許手続きを行い、支出の時期を遅らせる方法もある。PCTシステムでは、高額な国内段階移行は最初の出願日より30カ月以上後になる。初期の段階にかかる低額なコストは企業本体で採算をとり、以降はそれぞれの事業単位でコストの採算をとるようにする。このアプローチをとることによって、以下２つの利点が得られる。

- 支出の時期を遅らせることによって、事業単体で技術の重要性を評価し、特許化の要否を判断する機会が生まれる。
- 特許が既に存在していることによって、特にコストの採算をとるか、特許を放棄するかといった意思決定を事業単位で下す必要に迫られる。つまり、特許化の決定が遅れるということが生じえなくなる。

ただし、出願後18カ月で自動的に特許公報が公開されるため、その前に審査手続き継続を気に留め、考慮する必要がある。特許公報は、第三者にその技術を知らせることとなり、特許の取り下げや再出願を防止することにもなる。

特許マネジメントの諸問題
特許侵害

第三者の有効な知的財産権に反して、物品やサービスの営利的な利用・販売もしくは販売の申し出を行うことは侵害行為に該当する。

第三者の特許によって生じる脅威への対応として、以下３タイプの対策が存在する。

- 知的財産デューデリジェンス（当然支払うべき注意・努力。"自由使用レビュー"と呼ばれることもある）を行い、特定の製品やサービスの展開において法律上の障害となる第三者の権利を事前に特定する。自由使用レビューでは、このタスクは製品やサービスのライフサイクル中のキーとなる時点で特定するとともに、適切な間隔をおいて更新する。こうしたレ

---

2 特許協力条約では、特許所有者は、複数の地域での特許出願プロセスを遅らせることができる。

ビューの実行には高いコストがかかるが、いったんコア技術のレビューをしてしまえば、その後個々のプロジェクトでは、新たな特徴をレビューするだけでよい。自由使用レビューについては、第17章でさらに検討する。
- 特許モニタリングにおいては、前回の調査以降に公開された特許を対象とし、自社の技術や営利上の利点に適合するパラメータを用いて第三者の特許調査を行う。既にプランとして展開されているあらゆるコンセプトも第三者の特許に記載されていないことを確認するためにチェックを行う。時が経過するにつれて特許モニタリングの精度は上がり、自社が第三者の特許を侵害することがないという確信が持てるようになる。しかし、第三者特許のレビューが終わるまで技術上の利点を明確にすることができないため、この利点は結果的に忘れられてしまうといった危険性もある。
- 何もしない。第三者の権利をチェックせず、侵害が発覚しないことを期待する企業もある。また、産業領域によっては、産業領域内の企業全体が特許権者からのライセンス取得に依存しているところもある。クロスライセンスにおいて相互依存が存在すればこのアプローチは有効である。つまり、侵害する側が比較的ライセンス取得に自信がある場合、つまり大半の知的財産所有者から手ごろな価格でライセンスを取得できる場合に有効となる。

定期的な特許モニタリングは他の目的にも効果がある。
- 顧客・サプライヤ・流通・競合他社から開発中の技術情報を得ることができる。これは、彼らが将来的に提供しうる商品が分かるだけでなく、例えば事業焦点の拡大や変更によって生じる市場動向において、変化を意味する警告を事前に知ることができる。
- 拘束力のある第三者の特許を早期に発見し、根拠があればその特許付与に対して異議申し立てをするため、先制措置を実行することができる。

リスクを対処するためのアプローチは、企業の営利目的に依存してするところである。ただし、適切なアプローチを選択するためには、以下の項目を必ず考慮しなければならない。
- 方針とシステムの妥当性に対する責任を負う者を説明責任者として具体的に特定する。
- プロジェクト承認ルートや入札ツールなどの意思決定システムを用いて、自由利用レビューの必要性と時期を検討する。例えば、企業の中には、自由利用レビューを行っていない製品は上市しないことを方針とするところもある。

持ち込み発明

多くの技術系大企業では、日常的に一般人などから発明が持ち込まれている。こうした発明は、最高責任者や研究開発長などの上級責任者に向けて送られることが多い。

ここで、企業が注意しなければならない問題が3つある。
- 将来、発明者が持ち込み先に対して、許可も無くその発明を利用したとして訴える危険性がある。持ち込まれた発明が自社内で既に実行されているものであった場合、大変危険である。
- こうした持ち込み発明の大半は、その企業の事業と連携がなく、時には自然法則に反した内容であることさえある。このような持ち込みに対して、丁寧な返答を作成するということに無駄な時間を費やしかねない。
- 持ち込まれた発明が技術的に優れたものであっても、そこから商業的に成功する上市にこぎ着けるには、慎重な調査が必要不可欠である。発明の実用性を査定し、適切な方法で発明者に対応するまでにかなりのリソースを費やさなければならなくなる。

持ち込み発明が大量に発生した場合は、こうした持ち込みに対応する方針を策定しておくのもよい。方針には以下のようなものが考えられる。

- すべての持ち込みに対して、丁重な手紙を送り、持ち込み発明は受け入れない旨を伝える。
- すべての持ち込みに対応して、既に特許化された発明に関する情報のみを受け入れる旨を伝える。場合によっては、発明者には特許で付与されたもの以外すべての権利を自発的に放棄してもらうよう要請する。
- 持ち込み発明を精査し、その発明には関心がないことを伝えるか、もしくは秘密保持契約書に署名するように発明者に要請する。契約書に署名してもらった後にその技術をより詳しく評価していく。しかし、秘密保持契約交渉やその後の技術評価にかかるコストは膨大なものとなる。

他の問題としては、送付された書類を保管するか否かがある。一般的には、持ち込まれた発明の複製を保管したほうがよい。そうすれば、発明者からその後連絡がきた場合に、適切な対応ができる。

こうしたすべての問題に対して企業がとるべきスタンスは、持ち込まれる発明の量と、最終的に価値が出る発明が持ち込まれる可能性によって決まる。

発明の開示

特許取得以外で発明の情報を公開する技術分野も存在する。この理由は以下となる。

- 第三者の特許取得に対するリスクを排除したいが、自社で特許を取得するためにかかる高コストを正当化できないため。
- 公開することにより、第三者の当該技術開発を奨励することができる。最も安価なソースから技術を調達しようと考える企業にとっては魅力のあるところである。

こうした守勢的な情報公開を行う際には、オンラインの専門家向けジャーナルを用いることでコストを低く抑えることができる。Research DisclosureとIP.comは、オンラインの情報公開を提供するウエブサイトである。

第10章　パテントポートフォリオマネジメント

　これらのウエブサイトは複数国の特許庁が使用しており、特許審査官が他企業からの出願案件の特許性を審査する際の情報源として利用している。
　また、特許出願を行い、出願日より18カ月後に出願を放棄するというアプローチも存在する。これまでには、出願先の特許庁から公開がなされているはずである。この手段が最も特許審査官の目に入りやすい公開方法であることに異論の余地はないが、時間とコストのかかるオプションでもある。
　従って特許化プロセスとシステムの一環として、定期的にオンラインの情報公開や特許放棄などを利用し、守勢的な情報公開を行うか否かを考慮しなければならない。

第11章　知的財産部門と知的資産部門のプロセス

知的資産部門

　たとえ、説明責任を明確にし、ほとんどの従業員が知的資産マネジメントを理解し、自らの役割を認識していたとしても、まだ十分ではない。知的財産のスペシャリストを多数特定して、技術的アドバイスを提言させ、キーとなる役割を担わせる必要がある。

　この役割は専任でも兼任でも構わないが、とはいえそうしたスペシャリストを現在抱えている仕事やその能力から切り離してしまわないためにも、兼任させるほうがよいだろう。マトリクス型のマネジメント構造を用いて、これらのスペシャリストが、所属する事業部門と中央の知的資産部門の両方を担当するようにしてもよい。

　これらのスペシャリストは、以下のようにさまざまな役割を担うことになる。

- 他の者が知的資産計画を作成・レビューする際に補助すること。
- 複数の事業間にまたがる差別化力や実現力を特定し、適当な知的資産戦略を策定すること（このように中央からの視点が必要であるのは、こうした資産のマネジメントは、個々の製品やサービスに焦点を当てる特定のプロセスでは適切に考慮されない可能性があるためである）。
- キーとなる能力の「状態」を確認すること。
- ディレクターたちの日々の説明責任遂行をマネジメントすること。
- コミュニティ・オブ・プラクティスのなかでコーディネーターの役割を務めること。
- 知的資産ポートフォリオと事業での必要性との連携を概略的に維持すること。
- 事業単位で知的資産マネジメントのレビューを実施し、挑戦し続けること。
- 弁理士に協力し、特許手続きに必要な情報を収集すること。

実際にこれがどのように作用するかについては、ダウ・ケミカルの例が示すところである。ダウ・ケミカルは知的資産マネージャのネットワークを設立した。このマネージャたちの任務は、事業戦略と整合した知的資産計画を策定・維持し、知的資産ポートフォリオのレビューを実施して把握しておくべきノウハウを特定することである[1]。

知的財産部門と知的資産部門の統合

　特許出願と特許の維持に際して決定を下すのは企業本社である。一方、知的財産部門は、社内に設置することもあれば、外注することもある。どちらにせよ、特許の明細書作成・出願・維持に関する法的プロセスを担当するものである。

　社内の知的財産部門の役割は、既に述べたように知的資産マネジメントの活動をも含むことがある。こうした役割を統合させる際には、メリットとデメリットが生じる。

知的財産部門と知的資産部門の関係

　特許と商標が最も重要な知的資産となる企業にとっては、知的財産部門が知的資産マネジメントの一部を担当するのが適切である。ただしこの場合、知的財産部門は、ただ法律関連の問題を取り扱うだけであってはならない。つまり、法律担当部門というよりむしろ、営業や研究開発分野を基礎として知的財産部門を形成するということが適切なのである。

　一方、ノウハウ・データ・プロセス・情報が最も重要な知的資産となる企業は、知的財産部門が知的資産のマネジメントに関連することはないだろう。知的資産マネジメントを行うことで、知的財産権の追求に集中できなくなると考えられる。強力な知的財産権の獲得に必要な技術スキルが、ソフトウエアなどの知的資産マネジメントに必要なスキルと異なることは明らかである。

1　G. McConnachie, 'The Management of Intellectual Assets: Delivering Value to the Business', *The Journal of Knowledge Management*, 1(1); G. Petrash, 'Dow's Journey to a Knowledge Value Management Culture', *European Management Journal*, 14(4).

第11章　知的財産部門と知的資産部門のプロセス

知的財産部門と知的資産部門の分離

以下のような状況では、知的財産部門から知的資産部門を分離して設立するほうがよいだろう。

- 特許や商標の重要性が、他の知的資産（ノウハウ・情報・プロセスなど）より低い場合；
- 社内弁理士を採用せず、個人弁理士に外注する場合。

しかし、知的財産部門と知的資産部門を分離する際にしてはならないことは、知的資産部門がすべてのマネジメント問題や意思決定を取り扱ってしまい、知的財産部門が受け身的にサービス供給部門となることである。従って、以下の項目を満たすようなシステムを構築することが必要となる。

- 弁理士が企業や知的資産部門と十分な連携をとり、現在手がけている特許・契約・商標の役割と実用性を理解できるようにする；
- 優先順位や業務上の期限を明確にしておく；
- 必要に応じて弁理士の専門知識を生かせるようにする。

特許・商標手続きの外注

社内弁理士を採用せず、完全に外注して特許・商標の手続きをする場合はまた別の問題が持ち上がる。これは、社内の法律専門家がいなくなることによって起こる問題であり、問題が起こるのは以下の場合である。

- 特許明細書の作成や商標手続きの質をモニタリングする場合；
- 弁理士からのアドバイスを受ける時期を判断して、直接的／間接的に準法律的なアドバイスを提言するべきポジションを、不適格な人物が担当しないようにする場合。

それぞれの部門に適切な人材を配し、お互いが緊密に連携し、責任のありかを明確に示していれば、こうした問題はうまく処理できる。しかし、特許手続きの外注で効果を上げるために必要なスキルの基礎は、時間をかけて発展させ

なければならない。

知的財産部門

　知的財産部門は、一人の担当者から構成されることもあれば、さまざまなグループカンパニー間に散らばる複数の部門からの大規模機能となることもある。大規模な機能が存在する場合は、特許や商標の弁理士に加え、以下のような人材が含まれることが多い。

手続管理

　特許・商標・登録意匠の出願に関する法的プロセスでは、多くの期日が設けられている。これは、権利範囲がどの領域を必要としているかなどのキーポイントとなる決定を下すためだけではなく、特許や商標の出願を審査する各国特許商標庁の審査官に、技術情報を提供する必要があるためでもある。

　期日を守らなければ、権利が永久に失われてしまうことが多いため、常にすべての行動予定日をトラッキングしておかなくてはならない。特にさまざまな技術範囲にわたる特許や商標が出願される場合は、こうした期日のトラッキングは複雑になってくる。

　幸い、IPSSやPro Deltaのようないわゆる「手続管理コンピュータプログラム」が開発されており、キーとなるイベントや期日をトラッキングすることができる。多くの案件を抱えている企業では、手続管理チームを編成してこのようなシステムを用い、常に情報を更新している。このような情報の一部は、国内法や国際法で定められている期限に従ってソフトウエアそのものから作られる。また、一部は弁理士との連絡文からデータを取り出して手続管理チームが入力する。定期的に予定表を作成するため、商標・特許の弁理士は作業の期限を管理したり、作業に優先順位をつけたりすることができる。さらに、社外との通信をトラッキングすることで、手続管理チームは弁理士の行動をチェックすることができる。さらにデータを入力することで、以下のように予定表システムを実用的に拡張することができる。

第11章　知的財産部門と知的資産部門のプロセス

- その知的財産を企業内で利用しているか否か、利用する可能性が高いか否かを記録することができる。
- その知的財産は既に第三者にライセンスしているか否か、もしくは将来ライセンスする相手が存在するか否かを記録することができる。
- 権利を侵害する者を特定できたか否かを記録することができる。
- 弁理士が査定する特許の実際の強さ、もしくは期待する強さを記録する。
- それぞれの特許を表すキーワードを選択／入力することで、関連案件を特定してトラッキングすることができる。
- その知的財産に関連性のある事業領域を特定することができる。
- 知的財産を生じるプロジェクトとそのキーとなる期日を特定することができる。
- 要注意としている第三者が行う知的財産手続きのキーとなる期日を記録する。異議申し立ての計画はすべて期限管理される。さらに、特許の更新状況をモニタリングし、その知的財産権が有効であるか否かチェックすることができる。

　キーとなる情報や統計は、こうしたプログラムから簡単に取り出すことができ、経営陣はそれを見ることができる。企業内でその技術が公知となり、浸透しやすくなるのであれば、この情報をさらに多くの層に広めてもよいだろう。
　手続管理チームの人材は、他にも以下のような項目に責任を負うことになる。
- 発明者に対して特許出願の進展状況をフィードバックする。
- 発明者が弁理士へ送らなければならない情報とその期限を、発明者本人に知らせる。
- 弁理士からの書類をモニタリングし、手続きが遂行されていることを確認する。
- 特許更新用のスケジュールを作成し、知的財産権を有効に保つための納付期日を特定する。

特許更新エージェント

更新手数料の納付は、社内でマネジメントしてもよいし、CPA[2]やDennemeyer[3]など外部の特許更新エージェントに外注してもよい。

多くの知的財産部門は、特許の更新をトラッキングし更新手数料の支払いをするために特別なコアスキルは必要ないので、外注しても問題ないと考えている。外部の特許更新エージェントを利用する場合、エージェントから更新の決定が必要な時期を知らされ、権利を継続すると判断した知的財産に対して更新手数料を納付するのである。

コストトラッキング

予算決定は、知的財産部門の抱える最も大きな問題である。通常企業内では、部門ごとの予算は年の初めに固定されるが、残念ながら支出の予測は非常に難しい。例えば、特許登録料や更新手数料などといった特定のコストは正確に予測することができる。しかし、人件費は、案件が複雑化した場合や特許庁からの通知書や決定によって左右されるため、正確に予測することは不可能である。

企業によっては、これまでの平均的なコストの履歴を使ってソフトウエアをカスタマイズし、支出を予測している。ただし、この種の分析で正確な予測が出るのは、大規模な知的財産ポートフォリオを持ち、偶然的な要因が平均化される企業のみである。ポートフォリオが小規模な場合は、2、3の案件に問題があっただけで、予測コストが大きく違ってくる。ただし、予測ツールを使う際に平均コストだけを基にするのではなく、「複雑」「平均的」かつ「簡単」な案件のこれまでの支出情報を利用すれば、より正確な予測が出せるようになるだろう。予想される手続き上の困難さに応じて、それぞれの案件に弁理士ごとのタグをつければ、さらに正確なコスト予測ができるようになる。

---

2 1969年に英国で設立された特許更新エージェントで、現在では、知的財産全般を扱う管理およびコンサルタント企業
3 1962年に世界で最初にコンピューターによる特許年金期限管理を開始した知的財産年金管理サービス企業

第11章 知的財産部門と知的資産部門のプロセス

大変な作業ではあるが、この種の分析は実行する価値がある。この分析は、予算決定に役立つだけではなく、顧客が支持する案件を決める際の参考ともなるのである。

レビューと課題設定

第7章で検討したように、目標を設定し、知的財産マネジメントの質をモニタリングするための評価指標を作成するとよい。このアプローチはもちろん知的財産部門にも適用できる。図11.1では、第7章と同じスタイルを用い、最終目標を打ち立てて業績をモニタリングするため主要業績評価指標（KPI）を用いる領域を特定している。

目標	ステータス	キーアクションとタイムテーブル
スキルベース：重要なスキルは特定されているか、それぞれのスキルで、専門家は確保されているか？リソースに相反する複数のプレッシャーがある場合に、作業に優先順位をつけるためのシステムは導入されているか？		
統合：知的財産部門は適切にネットワーク化され、事業・研究開発部門からの見通しがよいか？		
デューデリジェンス：デューデリジェンスレビューの必要性やその程度を判断するプロセスは存在するか？さらに、問題化する可能性を持つ第三者権利による影響や脅威を査定できる専門家が十分に揃っているか？		
モニタリング：第三者権利の手続きはモニタリングされているか、また情報は適切に展開できているか？弁理士は継続的に第三者の知的財産権をモニタリングし、これらの権利を明細書草稿中に考慮しているか？		
財務コントロール：正確な予算予測がなされているか？資金拠出の程度を調節することで、バランスのよい知的財産権の出願件数となっているか？		
データマネジメント：キーとなる手続き期日や回答日はトラッキングされているか、また進捗状況をすべての適任者に報告しているか？キーとなるイベントの期日告知が発明者・意思決定者・弁理士に送られているか？		

図11.1　例：知的財産部門向け知的資産マネジメント指標

第12章　知的資産計画プロセス

標準的な知的資産計画

　知的資産計画とは、プロジェクト・製品・サービスにおいて創造・活用する知的資産を、いかにマネジメントするかを示すものである。こうした知的資産計画は簡単なものから複雑なものまでさまざまであるが、基本的には以下の問題を確認するものとなっている。

- 自社のキーとなる知的資産に対して、顧客・パートナー・サプライヤ・流通・競合他社が利用・複製する能力は、適切な範囲内に収まっているか？
- その知的資産は、その活用を妨げる第三者の権利とは無関係なプロジェクト（製品・サービス）から生まれたものか、または導入されたものか？
- プロジェクトで知的資産を使用することで、他の事業活動に悪影響が出るか？
- その知的資産は、プロジェクトの進行中必要なときに利用可能であるか？
- そのプロジェクトでは、既存の知的資産を事業や第三者から導入したり、将来的に共有したりする必要があるか？

　こうした問題を取り扱う際には当然のことながら、すべてのプロジェクトレベルの行動は、知的資産戦略と方針・説明責任の基準に一致するものでなくてはならない。

　一つの知的資産計画モデルを、すべての企業や市場に適用することはできない。ただし、図12.1のフローチャートが表すプロセスを利用して、知的資産計画を策定することができる。特許・商標・ソフトウエアをマネジメントする際の問題点は、より複雑なものであるため、本章後半で詳述する。

| キーとなる知的資産のうちプロジェクトで創造・活用するものを特定し、プロジェクトを商業的に成功させるための役割を検討する。 |

⇩

| 保護が必要な知的資産とその保護方法を特定する。その方法とは、
● 知的財産権を獲得する。
● キーとなる知的資産を機密保持する（可能であれば）。 |

⇩

| 企業内でさらに広範囲に応用可能な知的資産を特定する。この資産情報の普及に必要な活動をまとめる。 |

⇩

| ナレッジマネジメントシステムを用いて、プロジェクトに導入するべき情報をチェックできているか否かを確認する。 |

⇩

| キーとなる知的資産の活用に関するセキュリティ状態を確認する。セキュリティが万全でなければ、対策を講じて実行するか、リスクを最小限に留めるようにする。それでも残るリスクは強調しておく。 |

⇩

| 第三者、特に競合他社の知的財産権を把握していることを確認する。第三者の権利が存在し、プロジェクトに支障をきたす場合は、以下のような補正行動をまとめる。
● その権利のライセンスを取得する。
● その権利を避けて行動する。
● その権利の有効性に異議を唱える。 |

⇩

| 知的資産の利用・マネジメントは、他の事業活動に影響を及ぼすものでなく、知的資産戦略と一致したものであることを確認する。 |

図12.1　プロジェクトレベルの知的資産計画：その主な要素

知的資産の役割を理解する

　知的資産の役割とは商業上の成功を導くものであると理解されて初めて、知的資産計画が策定される。

> プロジェクトで創造・活用するキーとなる知的資産を特定し、プロジェクトを商業的に成功させるための役割を検討する。

⇩

　特に知的資産の中でも、以下の目的で利用されるものを特定する必要がある。
- チャンスを追求し、仕事を獲得するための知的資産
- 製品を生産し、配送するための知的資産
- 市場で差別化できる製品、または可能性がある製品を創造するための知的資産
- サプライチェーンや流通網を効果的にマネジメントするための知的資産

保護

　顧客・競合他社・サプライヤ・流通への情報公開を防ぎ、その利用を阻止するためにも、知的資産計画では、保護が必要となるすべての知的資産を特定しなければならない。しかし、常に過剰な保護をしなければならないというわけではない。つまり、第三者がその知的資産を利用できる場合でも、実際には使わないケースもある。仮に、その利用のために、その知的資産の基となる情報・資産の限界・補助的な安全分析・背景データなどへの理解が必要となるのであれば、その知的資産を実際に利用することはないだろう。

⇩

> 保護が必要な知的資産とその保護方法を特定する。その方法とは、
> - 知的財産権を獲得する。
> - キーとなる知的資産を機密保持する（可能であれば）。

⇩

　保護が必要となる知的資産に対して、知的資産計画で実施するべきことは、とりわけ以下の項目となる。

- 現状のマネジメントの手順や活動の妥当性を検討すること。ここでの手順・活動とは、第三者に対する知的資産の開示や移転を阻止するためのものである。これらのシステムに問題点を発見した場合は、改善方法を提起する。例えば、ソフトウエアの場合は、こうした手順の中で、ソースコードを決して第三者に公開しないことが必要となる。
- 既存の知的財産権や現在出願中の権利によって、第三者の侵害を十分に阻止することができるか否かを検討すること（利用可能な知的財産権の形態は、付録に示される）。ここで、技術・営業・知的財産の人材によるブレーンストーミング会議を行い、第三者が現在保護している権利を迂回する方法を考えておくとよい。特許の場合にこれを行うと、「patent busting（パテントバスティング）」（特定の特許を無効にすること）と呼ばれることもある。
- 他に取得しておくべき知的財産権(特許・商標・登録意匠)・権利の及ぶ地域、権利取得活動にかかる資金を特定すること。例えば商標の場合は、既存の商標が正しいイメージを伝えているか否か、またそこで他の新しい商標を作り、使用許可を得て登録するべきか否かを検討する。
- 業務を下請けや契約社員によって実行させている場合は、彼らが利用する既存の知的資産や将来的な知的資産を、知的資産計画でできるだけ制限するようにしなければならない。利用を制限することが不可能な場合は、ここで生じるリスクを知的資産計画で定量化しておくべきである。
- 出願特許を支持する情報が試験業務から生み出される可能性があるか否かを検討すること。

また知的資産計画では、戦略的理由から知的財産権が必要か否かを検討するべきである。具体的には、以下の理由によって知的財産権が必要となる。

- ライセンスの基となるため。これによって、収入の創出、クロスライセンスで第三者の知的財産の利用、業界標準の確立、リスクと不確実性の共有、より早い／より広い市場参入などが可能となる。
- 株式発行の際に付加価値が加わるため。

- 他社から魅力的な提携相手、ジョイントベンチャーのパートナーとして認識されるようになるため。

ノウハウの導出

自社内で一般的に使用可能なノウハウがプロジェクトから生まれる場合、このノウハウを強調すべきである。知的資産計画では、このノウハウを把握して普及させるため、能力の概要やコミュニティ・オブ・プラクティスへのインプットなどの形で、必要な活動を特定する必要がある。

⇩

プロジェクトで生成・利用するキーとなる知的資産を特定し、プロジェクトを商業的に成功させるための役割を検討する。

⇩

ノウハウの導入

また知的資産計画では、プロジェクトに導入するべきデータやベスト・プラクティスがチェックされたかどうかを、適切なナレッジマネジメントシステムを用いて確認しなければならない。確認できた段階で、その資産の強みと弱みについてコメントをつけ、知的資産戦略担当者とナレッジマップの更新担当者に送る。もし適切なノウハウを特定できているのであれば、そのノウハウが既にプロジェクトに導入されたか、もしくは今後導入される予定であるか否かを確認する。

⇩

ナレッジマネジメントシステムを用いて、プロジェクトに導入するべき情報をチェックしたか否かを確認する。

⇩

現在の利用状況

さらに知的資産計画では、キーとなる知的資産の利用に関するセキュリティのために必要な活動を考えておかなくてはならない。特に考慮すべきことは以下となる。

- 第三者が自社の知的資産の利用を妨げるような権利を保有・獲得する可能性はあるか？第三者の権利が自社のプロジェクトで使用する技術を制限してしまうと特定された場合は、以下のオプションを提起する：他の技術ソリューションの採用；権利保持者からのライセンス；その権利の有効性に対する異議申立（異議を唱える根拠がある場合）。
- キーとなる知的資産が失われる可能性はあるか？考えうる状況としては、社内でキーとなる専門家がいなくなること、外注先を利用できなくなることなどが挙げられる。

> キーとなる知的資産の利用に関するセキュリティ状態を確認する。セキュリティが万全でなければ、対策を講じて実行するか、リスクを最小限に留めるようにする。それでも残るリスクは強調しておく。

⇩

> 第三者、特に競合他社の知的財産権を把握していることを確認する。第三者の権利が存在し、プロジェクトに支障をきたす場合は、以下のような補正行動をまとめる。
> - その権利のライセンスを取得する。
> - その権利を避けて行動する。
> - その権利の有効性に異議を唱える。

⇩

> 知的資産の利用・マネジメントは、他の事業活動に影響を及ぼさず、知的資産戦略と一致したものであることを確認する。

知的資産計画ではいかなる場合でも、知的資産の利用状況が損なわれるリスクを定量化し、最小限に留めるための活動を検討しておくべきである。この活動には以下のものが含まれる。

- 第三者特許の調査を実施すること
- 担当者を入れ替え、キーとなるスキルを分散させておくこと
- 第三者特許の「パテントバスティング」レビューを実施すること

計画同士が相互に及ぼす影響

プロジェクト内での知的資産の活用・保護・維持・把握・共有が、自社の知的資産戦略と一致していることを確認しなくてはならない。また、可能であれば、プロジェクトで知的資産を使用しても、自社内の他の活動に悪影響が出ないことを確認しておくとよいだろう。

特許計画

発明が特許化可能であっても、必ず特許を取得しなければならないわけではない。事業領域やプロジェクトによって、特許化が市場でのポジションを守る最良の方法となるか否かを検討する必要がある。市場での地位を守るためには、以下のような方法が存在する。

- 情報を企業秘密として保持する。特許化すると自動的に情報が公開されてしまうため、発明を企業秘密として保持するほうが好ましい場合もある。ただし、第三者が先に特許化してしまうリスクも生じる。
- 情報を公開する。これにより、他社は特許を取得することができなくなる。もちろん発明した企業も特許を取得することはできないが、低コスト化が図れる方法である。
- 特許化を図る。

以下のような理由がある場合は、特許を出願するとよい。

- 製品・プロセスが他社に複製されるのを防ぐため；
- 特許権者がその発明を利用する気がなくとも、競合他社が製品を導入したりプロセスを利用したりすることを妨げて、自由度を制限するため；
- 特定の範囲での活動を宣伝するため；
- 提携・ライセンス・譲渡の際に資産として利用するため。

企業による特許保護の種類は、さまざまな言葉で表現されている。Glazier[1]とJackson-Knight[2]は、「picket fence（ピケットフェンス）」「toll gate（トルゲート）」という言葉を用い、特許戦略を表した。ピケットフェンス戦略は、自社特許や他社特許の周辺に出願し、付加的な技術の向上にかかる一連の特許を生み出すことにある。技術や市場が進化するにつれ、これらの周辺特許は、もともとの基本特許よりも重要となる。トルゲート戦略は、現在のデータから推測して将来的な技術開発傾向を特定し、投機的に特許を出願してこの技術をカバーするものである。この傾向を判断して特許を獲得することができれば、その特許によって、将来競合他社が研究から得る結果を利用することができなくなる。

　特許を出願する決定をした場合は、出願のタイミングを慎重に考慮する必要がある。タイミングに関しては、3つのプレッシャーが存在する。まず、競合他社が特許を出願していて、その特許を市場で利用できないようになっている恐れがある。第2に、特許出願によって情報が公開されるため、競合他社が警戒するようになってしまう。第3に、特許出願を支持し、権利化のために十分な技術情報を持つことが重要となる。十分な情報がない場合は、開発を進める間、出願を延期しなければならない。このように特許出願のタイミングを決定するのは、概して難しい。判断を下す際には、以下2つの問いを考慮するとよいだろう。

- この領域の先行技術の強さはどの程度か？あまり先行技術がないようであれば、早急に出願することで、特に強力な特許が得られる。ここで競合他社は警戒心を持つであろうが、対応することはできないだろう。
- 他社がこの分野に参入している可能性や、そこで防衛出願をする可能性はどの程度か？

1　Glazier, S. *Patent Strategies for Business*, London: Euromoney Publications, 1995.
2　Jackson-Knight, H. *Patent Strategy for Researchers and Research Managers*, Chichester: Wiley, 1996.

また権利を取得する地域（場所）も考慮するべきである。多くの場合、自社が参入しているすべての市場で特許を出願する必要はない。例えば、第三者にとっての参入障壁が高く、キーとなる市場が限られていれば、その市場でのみ特許保護を図ればよい。小さな市場部門が開放されていても、競合他社が参入するには経済的でないため、このように限定した出願プログラムでもかなり高い確率で市場参入を阻むことができる。出願する地域（場所）の問題について、Helfgott[3]は、外国出願の際に根拠となる6つの項目を挙げている。

- 現地製造を保護するため
- 競合他社の母国や主な投資国・製造国をカバーするため
- 大きな市場をカバーするため
- 輸出販売をカバーするため
- 製品が複製される可能性が高い国をカバーするため
- 将来商業利用する国をカバーするため

技術進歩の速度も特許取得を検討する際に考慮するべき不確定要素である。市場によっては、発明がなされてから導入されるまでの期間が非常に長くなることもあるため、特許保護が消滅した後に商品化されることもある。逆に、製品のライフサイクルが完了するまでに特許保護が間に合わない業界もある。

図12.2では、特許計画を策定するにあたり考慮するべき点をまとめた。

3　Helfgott, S., Berman, C. *Global Intellectual Property Series 1992: Practical Strategies-Patent*, New York, NY: Practising Law Institute, 1992.

トピック	問題点
特許には、市場の独占や牽引力を確立・維持する役割を持っているか？	市場競争力を獲得するために欠かせない特許であるか。もしくは特許がなくても事業は成り立つか？特許化するより、情報を機密化したり、公開したりするほうがよいのではないか？
いつ特許を取得するべきか？	早急に特許を出願するべきか、もしくはその市場で他社が特許を出願するリスクは低いか？
特許を出願するにあたってはどの国がキーとなるか？	その市場へ参入する気をなくすために競争を排除する必要のある国はどの国か？
獲得する特許の範囲は、どの程度の強さと予想できるか？	先行技術はどの程度存在するか？既存の技術を改良して出願された特許なのか、もしくは完全に新しいプロセスで、特許獲得により強力な独占権が確立されるものなのか？
その領域の技術進歩の速度はどの程度か。初期に出願した特許は、必要となった際に適切に保護されるか？	製品・サービスはどの程度の期間販売することができるか？この期間は、特許権付与による保護期間に見合ったものであるか？
コスト／ベネフィットに関する分析	特許によって、どのような付加マージンが出るか？特に、予想される特許化コストはどの程度でかつ正当化できるコストか？

図12.2　特許の意思決定における課題

ソフトウエア計画

　ソフトウエア保護は、以下３点に関するものである。
- ソースコードの保護
- ユーザインターフェイスを含むソフトウエアの外観と構造の保護
- コンパイル済みコードの不正な複製・配布・使用の防止

　法律上の位置付けとして複雑な場合が多く、獲得した権利は必ずしも明確ではない。さらに、デコンパイルやリバースエンジニアリングはソフトウエア・ライセンス契約で禁止されていることが多いが、不法行為を行う競合他社やハッカーが熱心にコンピュータコードを分析するのを止められるわけではない。つまり、複製された後に訴訟を起こさなければならなくなるよりも、複製

を防止するために自社内でしっかりと対策を練ったほうがよい。
　マネジメント実務の好例が以下に挙げられる。
- 商業上最も機密性が高い知的財産を理解しておくこと。プログラム、構造、数式、データなどである。また、複製する側が、複製しにくくなるようにしておくこと。その方法とは、
  - フローチャートへのアクセスを制限する；
  - ソースコードからコメントを削除する、もしくは偽コメントを加える；
  - マニュアルにあまり多くの情報を載せない；
  - コードの構造を変更して、内部操作を理解しにくくしておく；
  - コード中のローカル関数とメンバー関数を変更して機能を隠す。これにより、デコンパイルする際に分析の基となる情報が少なくなる。さらに、プログラマーが分析するコードも分かりづらくなる。
- 基本的なセキュリティを見落とさないコードにすること。できるだけ請負業者を企業秘密から遠ざける、商業機密の資料などを鍵の付いたキャビネットに保存するなどである。
- 重要性に応じて企業秘密を管理して、適切な対策をしていることをアピールできるようにすること。例えば、必要なところにラベルを付け、商業上の機密情報を強調しておく。これが重要性を持つのは、譲り受けた機密情報を、機密として意識していたことを証明しなければならない場合である。
- コンピュータコードによって、コンピュータ画面やプリントアウトしたものに著作権の宣言文を付けるようにすること。著作権宣言文は、コンピュータディスクやマニュアルなどの表面にもなくてはならない。
- 電子透かしを利用すること。電子透かしを用いると、配布されたソフトウエア製品の一つずつに固有のマークを付けることができる。不正に複製されたソフトウエアが発見された場合、このマークによって海賊版のソースがはっきりと特定される。電子透かしの適用は、「フィンガープリント法」と呼ばれることが多い。

ブランド計画
使用の自由（フリーダム・フォー・ユース）

　新たなブランドを選択するには、時間もコストもかかる。ブランドは正しいイメージを伝えるだけではなく、使用が許されるものでなくてはならない。新ブランドを選ぶ際には、簡単なリストを作って自社の好みにあったブランドをいくつか挙げる。そこから細かいチェックを行って、あれば使用してもよいものを確定する。この点検プロセスでは、全く同一のブランドだけではなく、同じように見えるものや同じように聞こえるものも探さなくてはならない。こうした調査には、商標登録の検討・企業名・インターネットのドメイン名・一般的なインターネット検索が含まれる。

　このような調査はもちろん、ブランドを使用するすべての地域（場所）で行う必要がある。ただし、重要事項といえるコストコントロールのためにも、こうした国別のレビューは、一度に並行して行うより、一カ国ずつ行うのが普通である。明らかに時間はかかるが、抵触する商標が特定されれば、レビューするブランド数を切り詰めることができ、調査が進展するにつれブランドが減っていくのである。

　全く同一の商標が既に類似製品・サービスを販売する企業によって使用・登録されていることを発見した場合は、明らかにその新ブランドの使用は侵害の可能性があるため避けるべきである。お互いの商標が類似していても製品・サービスが全く同じではない場合は、そのブランドを使える可能性がある。しかし、その違いが小さなものであれば、既存の権利保持者に承諾を得るのが賢明だろう。一般的には、権利保持者が経済的補償の代わりに承諾を与えることになる。承諾を求める側が大企業であり、既にその商標の使用を決定している場合は、この補償金は巨額になる。

正しい保護形態

　どのブランドを登録して保護するかを決定する際には、商標の役割を理解することが重要である。商標出願は、競合他社や偽造者が自社のブランドを使用

するのを防止するだけではない。以下のような役割も持っている。
- その商標が利用可能かどうかチェックすることができる（登録のプロセスでは、抵触する既存の第三者権利の調査も含まれるため）。
- 第三者やグループのカンパニーにライセンスできる資産が生み出される。
- 抗議団体・キャンペーン団体などにブランドが誤使用されるのを防ぐことができる。
- 法的手段によって「サイバースクワッター」を退ける必要が出た際に、その商標を商業的に利用している点をアピールすることができる。サイバースクワッターとは、使用目的ではないがドメイン名を登録し、そのドメイン名の使用を望む企業に、非現実的な価格で販売しようとする人々を指す。

しかし商標は、使用する前に登録する必要がないことを認識しておかなければならない。これは、付録で検討する。

EUでは大半の司法制度と異なり、商標は登録意匠として保護される。これは安価な方法であり、状況によっては商標よりも強力な保護が得られる。しかし、登録に際して意匠は新規性がなくてはならないため、意匠登録については、マーケティング戦略の早い段階で考慮することが重要となる。

商標使用状況のモニタリング

自社商品が偽造される可能性がある場合は、売り上げの損失と自社評価への打撃を防ぐため、市場で商標の不正使用をモニタリングすることが重要である。このためには、市場の動向をよく理解し、内部への報告を速やかに行う必要が生じる。このように問題を浮き彫りにして適切にマネジメントすることができるようになるのである。これらは、画像認証ソフトを用いて、インターネット上で検索し、自社のブランドが誤使用され被害を被っているケースを検索するのである。

自社ブランドが成功しすぎて、一般的な識別名として使用されることがないようにすることも重要である。商標は、商品種別の保護を目的としての使用を

することはできないため、こうなると、その商標は無効になってしまう恐れがある。この問題の犠牲となって無効化された商標には、エレベーター、セロファン、アスピリン、エスカレーター、グラモフォン（蓄音機）、リノリウム、サーモス（魔法瓶）などがある。

　従って、マーケティング戦略で、顧客がある製品の一般的な名称として商標を使用するように仕向ける場合は、商標取り消しがかなり大きなリスクとなる。多くの企業はこのリスクを理解し、自社の商標の使用方法について、社内向けと第三者向けのガイドラインを策定している。商標が第三者に識別名として使用された場合、もしくはTMや®などの記号が使用されていない場合は、対策が必要である。商標を特定の方法で利用するように人に強要することはできないが、所有者がその商標の使用方法について第三者に相応な方法で説明していれば、この商標の有効性審理の際に考慮してもらえる可能性もある。ただし、商標の誤使用に対してこの手段を取るのは、明らかにコストが高い選択肢の一つである。

保護のレビュー

　定期的にチェックを行い、権利の保護が事業上の必要性と一致していることを確認するべきである。従って、定期的なレビューを実行して、商標計画が最新のものであることをチェックしなければならない。レビューするべき内容は以下となる。

- 未登録の商標の重要性が増し、登録を正当化できるほどになっているか否か；
- 登録した商標の利用範囲が、新たな地域（場所）へと拡大しているか否か；
- 商標の外観が、最初に出願した範囲を超えるほど進化したか否か；
- 第三者が、抵触するような商標を出願したか否か。つまり仮に権利が付与された場合、自社の権利が弱まるような商標を出願したか否か（このレビューは通常、商標の公開公報などを探すコンピュータモニタリング業者によって行われる）；

- 商標が、商業的に利用されていないとして取り消しになる危険があったか否か。

　実行後のステージゲートプロセスを利用する場合は、上記のレビューが行われていることを確認するために、評価基準を増やしてもよい。特許・商標の弁理士が利用する予定表システムにレビュー予定を入力しておいて、弁理士の業務をマネジメントすることもできる。

知的資産計画－まとめ

　上記に述べたように、知的資産計画は簡素なものから複雑なものまでさまざまである。なお、知的資産計画は常にその形を変えるものであり、計画がサポートするプロジェクト・製品・サービスが進化すれば、計画自体も進化する。初期段階においての知的資産計画は、実行するべき活動や不確実性を特定するが、最終的には実行された活動の妥当性に対してレビュー・モニタリングを行うものである。さらに、知的資産計画と知的財産権の形態についての相対的な重要度は、製品やサービスの寿命期間中に変化する。例えば、製薬業界では、薬品のキーとなる知的資産は、第一にノウハウや機密情報の形となり、営業秘密や機密保持によって保護される。その後、他社がジェネリック医薬品を生産するのを防止するために特許を取得する。その特許が満期となった場合、ジェネリック医薬品が出回る可能性がある市場で売り上げを維持するためには、商標が重要となる。

第13章　グループ内での知的資産マネジメント

　一つの市場に複数のグループ内カンパニーが参入している場合や、重複した技術を取り扱っている場合には、知的資産マネジメントの課題が多く浮上することになる。この場合、それぞれのカンパニーではニーズが異なるということを、意思決定の際に考慮しなければならない。さらに全社的な知的資産ポートフォリオを作成して有効利用を図る場合は、グループ内の全カンパニーがポートフォリオを参照して利用できる状態にしておく必要がある。

　グループ全体の知的資産マネジメントは、一つのカンパニー内のマネジメントと比較してより複雑なものとなる。しかし、本書前述のツール（図13.1参照）を用いると、グループ全体のニーズに対応してマネジメントを実行することができる。

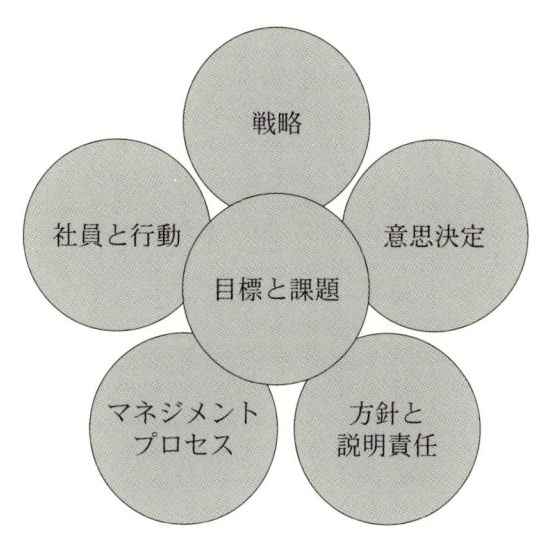

図13.1　統合型知的資産マネジメントにおける6つの特徴

- 意思決定：意思決定機関と意思決定システムについては、必要に応じてグループ内の各カンパニーが意思決定に参画するようなものにしておかなければならない。例えば、グループ内カンパニー間で知的資産を共有しているプロジェクトやサービスのケースを特定するのである。これによってグループ内契約が締結されていることを確認することができる。また経営陣は、グループ全体にとって重要な能力の実態を把握することができるようになる。
- 目標と課題：グループ内カンパニーにおける知的資産マネジメントの質をモニタリングし、再検討を加える。例えば、グループの知的資産マネジメントはしばしば弱点を持つことがあるので、ベスト・プラクティスを共有し、弱みを認識することが重要となる。
- 方針と説明責任：各子会社もしくはできればグループレベルの責任者がとるべき行動を特定するためにも、方針と説明責任のフレームワークを拡大しておく。例えば、一個人もしくは一組織に対し、あらゆる知的資産ライセンスや放棄権利の見直しを行い、その是非を判断させるようにする。
- 社員と行動：グループ内の全カンパニーの社員が、グループの知的資産マネジメントと保護に関して、自分の役割を理解できるようにする。
- 戦略：グループ内の複数のカンパニーが活用している能力に関しては、知的資産戦略を策定し、全カンパニーでの意思決定に一つの指針を与えるようにする。
- マネジメントプロセス：上記イニシアチブの下でシームレスに作業を行えるグループ内カンパニー間においては、綿密なマネジメントプロセスを構築し、グループの知識・情報・特許・商標などを管理する。

ただし、これらの他にも、グループ内での知的資産マネジメントに関して、特に課題となる点が2つある。
- グループ内カンパニー間で知的資産が共有されている場合、それぞれのカンパニーの役割を定義するためにもグループ内での取り決めをする必要が

ある。つまり、知的資産を利用する際のリスク配分、利益分配の方法、改良された知的資産の所有権の帰属などを定義する。
- 多くの場合に移転価格[1]税制が存在する。グループ内カンパニー同士であっても、知的資産を含め、お互いの商品やサービスを利用する際には、「独立企業間価格（arms-length price）」（つまり、知的財産が一般市場でライセンス・売却される価格）で取引をしなければならない。

以下、この２つの課題点について検討していく。

所有権

グループ内で権利の帰属を明確にするために、いかなる知的資産の所有権の構造を採用するかを検討する必要がある。以下５つの基本構造モデルが存在するが、それぞれに長所・短所がある。
- 企業本体が所有権を持つ。ここでは、知的資産はグループレベルで所有・管理される。
- グループ内の一カンパニーに所有権を持たせる。
- 所有権を分散する。ここではグループ内の各カンパニーが、それぞれの事業活動を支える知的資産を所有する。
- 共同所有権を持たせる。ここではグループ内の各カンパニーが均等なシェアを持って、すべての知的資産ポートフォリオ、もしくはその一部を所有する。
- グループの知的資産ポートフォリオを管理・利用するためのカンパニーを設立し、そのカンパニーに所有権を持たせる。

1　世界の税務当局は、移転価格税制を導入している。各グループがグループ内契約を利用して、利益を低課税地域へと移転させることを防ぐためである。この税制がなければ、グループ内の各カンパニーは、自社の知的財産をわずかな金額で、課税率の低い地域にある子会社へと売却することができる。この子会社はその知的財産を、異常なほど高額なロイヤリティで他のグループ内カンパニーへライセンスするのである。この方法の極端な例では、低課税地域にあるカンパニーのみが利益を上げるようになっている。この手の脱税を阻止するために、税務当局は、グループ内カンパニー間での知的財産の譲渡や利用に際しては、「独立企業間価格」を請求させるようにしている。しかし、各カンパニーが「独立企業間価格」で取引を行ったことを証明するためには、膨大な経費がかかるのである。

この最後のモデルでは、グループ内ライセンスを利用して、低課税地域のライセンス保有カンパニーへ利益を移転させれば、グループ全体の課税率を削減することができる。なお、グループ内で大規模な知的財産の取引が行われる場合には、移転価格税制遵守のための法的手続きを簡素化する方法として、知的財産の保有専門のカンパニー設立を正当化することができる。

ただし所有権の構造を決定する際には、「知的資産のマネジメントを実施し、最大限に活用するために、最も効果的な構造」が、第一に考えられる最も重要な点である。同程度に有効なアプローチが存在するならば、当然ながら金銭上最も有利な構造を選ぶこととなる。

従って、所有権の構造を選択する際には、以下の点を考慮するとよい。

- 本社が所有権を持ち、グループ全体のニーズに焦点を定めてマネジメントが実行される場合、知的資産は複数のカンパニーが利用可能な共通のリソースとなるか？
- 各カンパニーの市場や技術は独立しており、知的資産をグループ内でクロスライセンスする機会やニーズは低いか？
- 焦点を絞った事業計画に基づき、知的資産がグループ内の各カンパニーで所有されている場合、コアではないライセンスを外部に許諾することができるような機会が見過ごされていないか？
- グループの事業戦略は、第三者やパートナーへのライセンスによってサポートされているか、またはサポートされるべきであるか？さらに、こうしたライセンスが、グループにとっては利益となっても、個々の事業に反するケースがあるか？
- 研究開発への資金は、事業ごとに拠出されているか、また研究開発は、プロジェクトによる共同の資金拠出により、本社で行われているか？（このような知的資産を生み出す活動が、本社から資金拠出されていれば、より簡単にこの知的資産を本社で所有することができる。）
- 運営にあたり、最も簡素なモデルはどれか？
- 売却・新規設立・ジョイントベンチャーなど、将来グループ構造が変化す

る可能性はあるか？（こうした場合には、知的資産を個々のカンパニーが所有していればマネジメントが容易になる。）
- 低課税地域にある知的資産の保有専門カンパニーに、所有権を中央集権化することによって、減税することは可能か？

多くの多国籍企業は複雑化しているため、こうした問題を考慮するだけでは、知的資産の所有権に対して特定の解決策を見いだすことはできないだろう。そこで、混合したアプローチを取ることもできる。例えば、複数の事業を支える技術に関する知的資産は共同で所有し、既定の知的資産は、グループが最も直接的にサポートするカンパニーに所有させるのである。

所有権：保有専門カンパニー

中央集権的な保有専門のカンパニーを設立することにメリットがあるのは、次のような状況である。
- グループの知的資産が、複数のカンパニーが利用する共通のリソースである場合；
- ライセンスを外部に許諾することができる機会が実現化されていない場合。保有専門カンパニーを設立し、そうした機会を実現化させることが可能な場合；
- こういった構造体制にすることでかなりの節税対策となる場合、もしくは移転価格税制を遵守するための法的手続きを最小化することができる場合。

ただし、この方法の実施を決定する前に、以下の欠点についても考慮しなければならない。
- 保有専門カンパニーの設立はすなわち、管理能力と説明責任が移転することを意味する。例えば、保有専門カンパニーにブランドの所有権を持たせることにより、基本的なマーケティング戦略は、グローバルな視点から中央集権的に行われる。つまり、事業そのものの性質によって利益やリスクが左右されることになってしまう。

- 今後異なる税務管轄へと移転される既存の知的資産を特定してその価値を評価し、保有専門カンパニーに売却する必要が出てくる。これを実行すること自体、膨大な手間とコストがかかるものである。
- 保有専門カンパニーは通常、第三者や他のグループ内カンパニーから受け取るライセンス料を使って、保有する知的資産の維持料を支払わなければならない。結果、保有専門カンパニーでは、コストのかかる決定が事業主導で行われるようにするため、強固な意思決定プロセスが必要となる。

以下、この問題点をさらに検討していく。

管理能力と説明責任

中央集権的な所有権が存在することはすなわち、中央集権的な統制や、少なくとも調整が行われることを意味する。これは、多くのグループが実施している分散的な方法と逆行することが多い。このためには、他のグループ内カンパニーからの要望を視覚化するシステムを導入するとよい。ただし、特許の維持や放棄などについては最終的には保有専門カンパニーが、多くの決定を下さなければならない。

所有権の移転

グループで所有権の中央集権化が決定次第、当然必要となるのが、これら資産の権利を保有専門カンパニーに移転する手続きである。異なる税務管轄へ資産を移転する場合、移転価格税制を遵守したうえで可能な限りの減税を図るためにも、これら知的資産を独立企業間価格で移転しなければならない。つまり、移転する資産を特定してその価値を評価し、売却・購入したうえで、所有権の変更を登録する。ただしこれはかなりの手間がかかる。

さらに、継続的に新たな知的資産が開発されている場合は、その所有権を中央集権化するためのメカニズムを構築しておく必要がある。ここでも独立企業間価格を適用する。権利移転方法の一つとして、保有専門カンパニーが、一部

第13章　グループ内での知的資産マネジメント

の研究開発もしくはすべての研究開発に資金を拠出する場合がある。この場合保有専門カンパニーは、自らが現在所有する知的資産を利用して、各グループ内カンパニーからライセンス収入を徴収する。そしてこの収入を研究開発への資金とすることにより、将来的な知的資産の所有権を自動的に取得するのである。しかし、大半の知的資産を研究開発から得ていなければ、このアプローチはうまく機能しないだろう。

　第三者から知的財産権のライセンスを取得しようとする場合には、保有専門カンパニーをライセンシーにし、そこからこれらの権利を適切なグループ内カンパニーへとさらにライセンスするとよい。もともと第三者から取得したライセンスを管理できるようにこの保有専門カンパニーの役割を拡大するのである。この場合には、最初の契約を見直し、必要となる移転や内部ライセンスが許容されるか否かを確認する必要がある。

支出と収入

　保有専門カンパニーの設立による減税を維持するため、グループ内カンパニーとの金銭上のやり取りは、独立企業間価格によって行わなければならない。これは、以下の場合に適用される。

- 知的資産ポートフォリオの維持に関するコスト
- 新たな知的資産を、第三者や他のグループ内カンパニーから取得する際のコスト
- グループ内カンパニーへの知的資産のライセンス

所有する知的資産の種類によって、これらのコストを考慮するとよいだろう。

中央集権的な所有権：商標

　まず、低課税地域の保有専門カンパニーの名前で新たな商標を登録すれば、簡単にグループ全体で節税することができる。最初のブランド価値は名ばかりのものであり、これは保有専門カンパニーの初期投資額に影響を与える。

しかし、いったんブランドが確立すれば、他のグループ内カンパニーからかなりのロイヤリティ収入が入る。つまり、低課税地域に利益を移すことができるのである。

残念ながら、保有専門カンパニーが広告やマーケティングに資金を拠出しなければ、そのカンパニーがブランド価値を向上させたことにはならない。つまり、価値が向上したブランドを利用し収入を得ると、当然ながら独立企業間価格に基づいた取引ではなくなるのである。

従って、保有専門会社はマーケティングへの資金拠出ばかりでなく、ブランドの利用も統制しなければならない。つまり、保有専門カンパニーにブランドの所有権を持たせても、リスクが無くなるわけではないのである。ただし、この中央集権的な統制にメリットがある場合もある。それは、ライセンス収入が入り、さらにそのライセンスが使用されることで、ブランドのプロモーションになる場合である。ただし、グループ内契約では、グループへのリターンを最大化するために、保有専門カンパニーとライセンシーはある程度の自由が与えられるという点を見過ごしてはならない。従って以下のように、責任を明確に定義しておくべきなのである。

- 保有専門カンパニーの責任は、グローバルなライセンス・広告・スポンサーシップ活動、さらに商標登録やブランドの形とその利用を定めるガイドラインの設定である。保有専門会社の設立を正当化する際は、このブランドの形を一貫させる活動と、ブランド展開戦略の実行を主な目的とすることができる。
- グループ内ライセンシーの責任は、その地元の広告・プロモーション・スポンサーシップを統制することである。

ロイヤリティの取り決めは継続的に行い、双方の役割・リスク・リターン・投資額に反映させる必要があるだろう。

中央集権的な所有権：特許

　ここでも、既存の特許はすべて保有専門カンパニーが独立企業間価格で取得するようにしなければならない。さらに、今後特許を取得する場合は、保有専門カンパニーはその特許の研究開発のスポンサーとなるか、もしくは特許を独立企業間価格で購入する必要がある。

　また、保有専門カンパニーは、そのライセンス収入から、特許ポートフォリオの実行と維持に資金を拠出するのであるが、特許化に関するこうしたコストは膨大なものとなる。また通常、特許にかかる支出に応じてそれぞれの事業からのライセンス料が増加するわけではない。このため、新たな知的財産権の出願・維持に関して、グループ内の各カンパニーは自ら働きかけを行うことになる。この働きかけによって得られる投資対効果が低くても、行わなければならない。従って保有専門カンパニーは、グループ内カンパニーが必要とする特許、必要としない特許について、十分に理解している人物と連絡をとり、パテントポートフォリオが経済的価値を生み出すようにしなければならないのである。

中央集権的な所有権：方法とデータ

　この種の知的資産の所有権を、保有専門カンパニーに移転することは、比較的まれである。ただし中央集権的な所有権を持つことで、商業的な成功や税金対策につながる場合もある。

　商標の場合と同じく、知的資産の価値を維持・向上させるために、通常継続的なコストが発生する。特に、方法やデータは時間をかけて作成されるものであり、その所有権は、独立企業間価格に基づいて保有専門カンパニーが取得することとなる。当然ながら、保有専門カンパニーはこの新たな知的資産を購入するか、もしくは方法・データの改良にコストを投じなければならない。ここで、ライセンスを構造化しておくのも一つの手である。既存の方法・データから得られるロイヤリティに収まる金額で保有専門カンパニーがその作成された方法・データの所有権を取得することも可能である。

節税

　状況に応じて、本章に述べるグループ内ライセンスを構造化することによって、ライセンス契約で低課税地域の保有専門カンパニーに利益を移し、グループ全体の節税を実行することができる。しかし、脱税に関する規制を回避するためにも、節税を目的とするよりは、事業上のニーズに基づいて知的財産権の所有を中央集権化するほうがよい。以下、ここでの事業上のニーズとなる。

- ブランド使用・展開を中央で統制・調整することによる利益；
- コアではないライセンスを外部に許諾することができるような機会を探る必要性、つまり既存の事業体では見過ごされている機会を探る必要性；
- 既存のグループ内知的財産取引で発生する法的手続きを減らす必要性。

　資産の移転取引が成立する場合でも、税務当局は何らかの根拠に基づいて問題点を挙げてくるものである。例えば商標の場合は、原則的に商標の業務上の信用を他の事業の資産から切り離しや移転することはできない。従って、移転された商標の価値は、ブランド全体の価値よりも相当低いものであるとされることもある。

グループ内ライセンスの実務

グループ内契約

　グループ内カンパニー間で知的資産を共有する場合、移転価格税制に対応するためにも通常一連の使用許諾契約を締結することが必要である。ただし、移転価格問題について必ずしも契約を締結する必要がなくても、契約締結は有用な面はある。契約をすることより、双方の当事者がそれぞれの権利と責任をはっきりと理解することができるのである。

　場合によっては、一つまたは複数の主力ライセンス契約を行うことで、規定の年間使用料でライセンサー側が所有するすべての知的資産を、ライセンシー側に利用させることもできる。ただし、こうした使用許諾ライセンスは、特別な技術や機会に限定されるものが多い。こうしたグループ内契約の交渉は、非

第13章　グループ内での知的資産マネジメント

常に時間のかかるものであり、グループ外の企業と交渉するより多くの問題点が浮上する場合もある。この問題点の原因となるのは、以下の要素である。
- 同じグループ内カンパニー同士の場合、ライセンシー側はライセンス契約上の優遇条件を期待する。実際には移転価格税制などといった、ライセンサー側は内部交渉の場においても独立企業間価格を固持せざるを得ない理由が存在する。ここで生じるライセンシー側とライセンサー側の期待の違いは、グループ外企業との間に生じる期待の違いよりも大きいのである。
- ライセンシー側は、内部ライセンス契約は優先度が低く、単に手続き面で問題があるととらえていることがある。つまり、時間があれば取り組むべき問題であると考えているのである。従って、第三者に他のグループ内カンパニーの知的資産の利用許可を与える契約を、グループ内で使用許諾契約する前に締結してしまう危険が生じる。契約相手の第三者がフローダウン規定を持っており、この規定によって、知的資産を所有するグループ内カンパニーが容認されない場合は大問題となってしまう。
- 第三者との交渉には、概して時間制限が存在するため、双方の当事者は妥協・譲歩を迫られる。グループ内の交渉では、外部での事業機会を逃さないために、内部でグループ間ライセンス契約がなくても、内部的に駆け引きが行われる。ここに時間制限はなく、双方とも妥協のない態度で交渉に臨むことになる。
- グループ内カンパニーの技術部と営業部がうまく連携をとって作業している場合、経営側には分からないように知的資産がやり取りされている場合がある。ある意味でこのオープンな資産利用は有効である。しかし、オープンに資産をやり取りして得られる利益以上に、負担や責任が発生する場合も考えられる。

グループ内での知的資産取引の量が膨大な場合は、基準となるライセンスや知的資産評価方法を設定し、グループ内での知的資産取引に関して既定条件を定義する方針を立てることで時間と手間を省くことができる。

この方針の中には、以下の点が盛り込まれる。

- リスク配分。商品損害賠償責任や第三者の権利侵害から発生するリスクなど。
- ライセンシー側は、リスクの特定・定量化を行うべきか否か。
- 製品展開・入札・パイプラインなど、それぞれどの段階で、正式なグループ内ライセンスを締結するべきか。
- グループ内ライセンス・基準条件の変更・第三者への情報公開を承認する人物は誰か。
- グループが所有する既存の知的資産や将来の知的資産を第三者に利用させる際、責任を負うべき者は誰か。
- 将来の知的資産の所有権や権利を、グループ内でどのように割り振るか。

より複雑なグループ構造を持つ場合、ライセンスした権利を子会社のそのまた子会社に移す方法を検討しておくとよい。例えば、一つの子会社がすべての知的資産を所有する場合、図13.2に示すように、その子会社がすべてのグループ内カンパニーに直接ライセンス許諾することができるようにする。もしくは、報告体制に沿ってのみライセンス許諾が行われるようにするべきである。

すべてのグループ内カンパニーに直接ライセンス許諾することができれば、ライセンス契約の数を減らすことができる。しかし、通常の経営統制と報告体制を経て実行に至るという点では問題も生じるだろう。さらに、所有権構造に従ってライセンス契約を行えば、より柔軟性が高まる。つまり、リスクやコストの配分など、それぞれの組織レベルに落とし込むライセンス条件の一部を変更することができるからである。

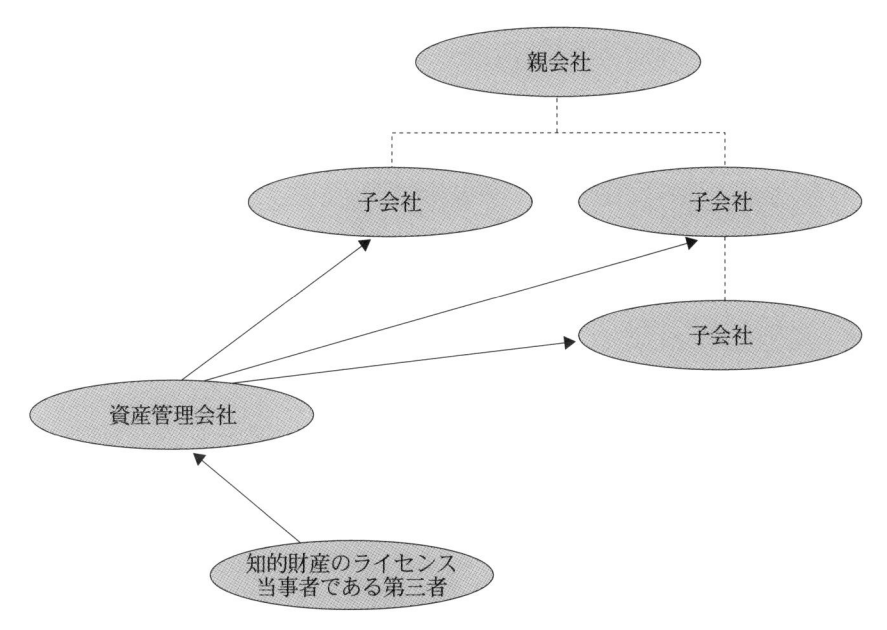

図13.2　通常の経営統制を経た知的資産の内部ライセンス

内部統制と承認

　障害や法的手続きが増え、全社的な知的資産ポートフォリオの共有・利用が不必要に妨げられる状態は、どの企業にとっても望むところではないだろう。しかし、ある程度の統制は当然ながら必要なのである。統制することで、例えば以下の項目を確実にしておかなくてはならない。

● 必要な承認を得ずに、企業秘密が余りに広い範囲に流布したり、第三者に渡されたりすることがないようにする。
● 知的資産の移転をモニタリングし、移転価格に準拠した契約が締結されるようにする。

　逆に、その知的資産が必ず実際使用されることが分かるまで、機会を限定したグループ内ライセンスを締結しても意味はない。従って、ライセンス移転を正式に記録・承認・実行するタイミングと、承認なしで移転してもよい場合を

企業内で決定する。以下、決定しておく事項の例となる。
- レビューや評価のための非機密情報は、通常のグループ内機密保持契約にのっとって移転することができる；
- 契約締結の際にはグループ内取引の既定条件を適用するということを入札準備段階で合意した場合、入札準備をサポートするための非機密情報を移転することができる（その知的資産が商業上利用されるか否かは移転の時点では不明）；
- 資産の利用が予想され、そのためにグループ内取引に関する基準条件を変更しなければならない場合、移転前にライセンス条件に合意しておくほうがよい；
- 資産が商業上利用されることがはっきりしている場合、正式な契約を締結するべきである。

この種の統制システムは、図13.3に示される。

	通常の機密保持契約にのっとって移転する	グループ内取引の基準条件適用を確認してから移転する	正式なライセンス契約にのっとって移転する
内部レビューのための非機密情報の移転	○		
内部レビューのための機密情報の移転		○	
入札準備・提出		○	
商業利用			○

図13.3　知的資産移転の承認

当然ながら、契約の数は最小限に抑えるほうがよい。

- 知的資産のやり取りが、安全手順などの事業システムの向上につながる場合は、移転や利用をすべてカバーする一度限りの優先契約を締結する。
- 知的資産の移転が、一度限りだが大きな機会を生み出す場合は、機会が実現するごとに仮契約を締結する。
- 価値の低い知的資産のやり取りが、その場限りで大量に行われる場合は、一度限りの契約を締結し、包括的な責任・役割・リスク配分を把握する。

もちろん契約を締結する際には、その契約が本質的な関係性に適合していることが重要である。例えば、以下の問題点を考慮するとよい。

- その契約は単なるライセンスか？
- リスクやコストは共有されているか、またそうであるなら、ライセンスよりも提携契約を締結する必要があるか？
- ライセンシー側とライセンサー側が、並行して行う開発の結果を共有している場合、協業契約を締結したほうがより適切ではないか？

第三者と自社の関係性をはっきりさせることは比較的簡単である。グループ内カンパニーとの契約のほうが、本当の関係性を明らかにすることは難しい。例えば、お互いに依存している状態がはっきりと認識されなければ、「提携」は「ライセンス」と誤解されやすくなる。

移転の補助方法

各カンパニー間での技術移転の際、移転補助システムの導入を検討することも重要である。

- 他のグループ内カンパニーからの技術や営業上の質問に対応する「専門家」を指名する（以下で詳述する）。
- 技術移転が必要となる機会が既に特定されていれば、以下に示すようにキーとなる行動を特定して正式な計画を策定する。
- 意思決定プロセスを利用し、すべてのプロジェクトのレビューを実行する。ここで、プロジェクトによって知的資産がグループ内カンパニーに導入、

もしくは導出されているかどうか確認する。これは第5章で既に検討した事項である。
- 特許委員会にキーとなるグループ内カンパニーの代表者を入れることにより、発明に関する情報を部分的に広める。これは特許マネジメントの一環であり、第10章で検討した。
- 情報の流れを記録し、既に通過した図面や文書の更新やエラーを抽出するとよい。

　上記の「専門家」は、その対象領域の知的資産をより明確に可視化し、移転を補助する。従って、「専門家」の役割には以下のようなものが含まれる。
- それぞれのグループ内カンパニーの技術力に対応して、最初の質問に対する窓口となる；
- 必要に応じて、知的資産の移転を促進する計画を策定する；
- 上記事項を促進するための情報公開を明確にして記録する。

　一度、グループ内カンパニー間で、知的資産を移転・利用する機会を特定することができれば、あとは各カンパニーで以下のような計画を策定するのがよいだろう。
- 技術を商品化する際に必要な、すべての知的資産を特定し、その知的資産を将来的に移転・複製・維持するか否かを決定する。
- 技術を商品化する際に必要なスキルや知識を特定し、いかにスキル格差を埋めるかを検討する。従業員を他のグループ内カンパニーから異動させることで、この計画に対応する場合は、その人物を特定し、ビザ取得にかかる時間などといった、異動に関連する事柄を検討する。また、従業員の研修を行う場合は、これにかかる時間も計画に入れておくべきである。
- 既存の知的財産権は、新たな市場において適切であるか否か査定する。
- 原料や従属部品を調達する場所を考慮する。

エンジニアリングの場合、設計基準は特別な注意が必要である。例えば、圧力容器の設計基準などにも、国によってさまざまな設計基準がある。従って、他のグループ内カンパニーが利用する前に、設計や方法を更新しておくとよいだろう。

　また、双方で協議し、技術を新たな市場で展開する際のキーワードを特定しておかなければならない。このキーワードは、会議の議題・入札文書・広告材料などを作成する際に使われる。

第14章 ライセンス

ライセンス戦略

　これまで多くの企業は、自社のコア技術やブランドを体系的に社外にライセンスすることに消極的な態度を示してきた。このようにむしろ創意を欠いた戦略を採用してきた理由としては、主にライセンスによってコア市場で競争が激化したり、ブランド価値が減少したりして、最終的に収益が減ることを恐れたためである。

　しかし、新たなライセンスの可能性を見いだす企業が増えつつある。これは、ライセンスによってコア市場以外の市場に参入することができ、さらに場合によっては、コア市場のリスクとリターンのバランスをより安定させることができるという点に気付いたことによるものである。

　知的財産ポートフォリオのライセンスをとおしてかなりの収益を上げた企業も、わずかだが存在する。以下、その企業の例を示す[1]。

	知的財産から得られる見積年間所得（USドル）
IBM	15億
クアルコム	8億
トムソン	5億
ルーセント・テクノロジー	5億
デュポン	4億5000万

　ポートフォリオには見落としていた知的財産がまだ眠っており、そこからラ

1　Joff Wild, 'Are Your Rights Going to Work?', *IP Review*, Issue 7, Computer Patent Annuities Limited Partnership, 2004;
　J. R. Sobieraj, 'Current Issues and Future Trends for Large Corporate Licensing Programs', *Les Nouvelles*, June 2004.

イセンス収入を得ることができる、もしくは生み出すべきライセンス収入があるということを、これらの企業の成功例によって、多くの企業が信じるようになった。ただし過去の例から分かるように、ライセンスとは、ポートフォリオで手付かずの知的財産を探すことではない。既に自社の事業上重要になっている知的財産から収入を生み出すために、新たな方法を見つけることなのである。

ライセンスが実行される理由は、収益を生み出すためだけではない。以下に述べるようなさまざまな理由があることも忘れてはならない。

- 企業によっては、主に訴訟を避けるために知的財産ポートフォリオを作成する。ゼネラル・エレクトリックやサン・マイクロシステムズなどがこの戦略を採用している。これらの市場では、特許情勢が非常に複雑化しているため、特許侵害を避けることは極めて難しい。この分野の競合他社はすべて、同様にこの困難な問題を抱えている。そこで大半の企業は、訴訟を避けるために知的財産をライセンスするか、もしくはクロスライセンスすることを望んでいるのである。[2]
- 他の例では、知的財産ポートフォリオを利用して、顧客・サプライヤ・流通とのパートナーシップを構築することで価値を生み出している。この戦略を採用しているのは、マイクロソフト、P&G、ヒューレット・パッカード、ダウ・ケミカルなどである。[3]
- 最後に、ライセンスによって、これまで参入することができなかったコア市場以外の市場に参入することができるようになった企業もある。この戦略を採用しているのは、ボーイング、ルーセント・テクノロジー、IBM、ベルサウスなどである。さらに、コカ・コーラやハーレーダビッドソンなどもこの方法を採用し、自社のブランドから収益を得ているのである。[4]

従って、ライセンスで利用する特許・ブランド・ノウハウ・市場の組み合わ

---

[2] Harrison, S. 'From Sunk Costs to Sound Strategies', *IP Review*, Issue 7, Computer Patent Annuities Limited Partnership, 2004.
[3] 同上。
[4] 同上。

せ、さらに製品やサービスの販売でのみ利用するものは、事前に特定しておくとよい。極端に言えば、通常の事業モデルを完全に変更して、特別な技術・ブランド・市場の場合にのみライセンスを禁じるようにしてしまってもよい。既存の製品やサービスで競争が激化しようとも、これらの場合を除いてはライセンシーを探すことにしてもよい。ここで知的資産戦略の一環として、以下の事項を決めておくとよいだろう。

- リスクとリターンのバランスの安定化が見込める場合、競合他社・サプライヤ・流通・顧客に知的財産をライセンスする；
- 製品やサービスを販売することによって、財務・経営・技術の人材が、コアとなる機会やより価値のある機会から離れてしまうのであれば、技術をライセンスする代わりに、市場から撤退する；
- 外部にライセンシーが見当たらず、既存の事業から機会が効果的に生み出されない場合においては、内部に新規事業支援センター（インキュベーションセンター）を設立し、新興企業の立ち上げを補助する；
- 特定の市場機会を利用するにあたり、より適した立場にある第三者とジョイントベンチャーあるいは、他の関係を打ち立てる。

ライセンス部門

　事業計画の中で、ライセンスが大きな役割を持っているのであれば、当然ライセンス部門が設立される。ライセンシーを探すプロセスには時間がかかり、専門の人材がいなければ、こうした活動は優先されず、必要な人材も集まらないだろう。また、ライセンス部門がなければ、ライセンスは、ライセンサーからの要請や、一時的な経営上のイニチアチブに対応して実行されるだけの、受け身的なものとなってしまうことが多い。さらに、ライセンスは厳しい課題の多い活動であり、担当者には専門的なスキルが必要とされる。

　ライセンス部門の設立については通常、時間が経つとともにプレッシャーが大きくなる。これは、企業がライセンスを徐々にコア活動としていくためである。このようなライセンス部門は、通常プロフィットセンター（事業部化）で

あり、運営する事業から独立性を保っている。プロフィットセンターとしてライセンス部門を設立するメリットは、企業の特許手続きの一部、もしくはすべてに資金を拠出することができることである。

　状況によっては、ライセンス部門よりも、ライセンスを扱う知的財産保有専門カンパニーを設立するほうが、メリットが出る場合もある。第13章で論述したように、保有専門カンパニーを設立すれば、節税対策となるばかりでなく、移転価格税制遵守のための法的手続きを最小化することができる。

　ライセンス部門、もしくはライセンス専門の子会社をうまく機能させるためには、ライセンシーとの契約を締結するだけでなく、ライセンスの機会を特定する能力が必要である。ここでは、企業内の法務・営業・技術間での滑らかな連携こそが、基本的な能力として必要とされるのである。特に、このようなネットワークでは、以下の項目への理解が必要である。

- 自社が所有する知的財産権、さらにこの権利と第三者の権利の関係性
- 第三者の製品グループとその開発方法
- 自社が市場を主導している技術領域
- 自社のコア市場でのブランドの役割、さらに同じブランド保証・価値を適用することができる市場での評価

　さらに、ライセンス部門を成功させるためには、以下の点を考慮しなければならない。

- ライセンス部門の従業員を雇う際、技術（もしくはブランド）情勢を理解し、複雑な商業契約の場で交渉するのに必要な経験と専門性を確認したうえで雇用する。これらが専門的スキルとして必要となるのである。
- ライセンサーがデューデリジェンスを用いてライセンスした知的財産を利用し、また正確に売り上げを報告していることをモニタリングする。
- ライセンス収入の大部分を、他のライセンシーを探す資金として投資する。収入がすべて無関係な活動に吸い上げられることのないようにする。
- 明確な目標やベンチマークによって、自社のライセンス活動をモニタリングする。

ブランドのライセンス

　自社の商標やブランドをライセンスすることにより莫大な収入を得ている企業はほんのわずかである。限定されたライセンスは、ファッション業界やライフスタイル業界に集中して行われている。ここでは、これまで参入することができなかった市場から収益を得ている企業もある。

　一部では、ブランドのライセンスは低レベルに抑えるべきであるとされている。これは、他の知的財産とは異なり、ブランドは誤用すると価値が下がってしまうという特徴を持つためである。

- 低品質の製品やサービスと関わってしまった場合、当然ながらそのブランドには傷が付く。そこでライセンサーは、ライセンシーを探す際に十分に注意しなければならない。
- さまざまな市場セグメントで、一貫性のない使われ方をした場合にもブランドに傷が付いてしまう。そこでライセンサーは、自社のブランドがどのように使用されているかモニタリングするために時間を割く必要がある。

　従って、ブランドのライセンスでは、ライセンサー側とライセンシー側の緊密な作業体制が構築される。実際、ライセンサーがライセンシーを探す際は、自社と似たような文化や価値観を持ち合わせた相手を探すことになる。また、ライセンサーは、個性的で質の高い製品を開発・市販し、ブランドの価値を下げるどころか上げてくれるライセンシーを探すことになる。

　こうした問題点を解決し、適切なライセンシーが特定されたとしても、ライセンスすることができるブランドはわずかなのである。

- ブランドは、一つの個性的な商品やサービスと緊密な関わりを持ってはならない。通常、一連の製品・サービスに付属するイメージを持ったブランドからしか、莫大なライセンス収入を得ることができないのである。
- 消費者は、ブランドというのは上等で価値の高いものを提供すると考え、他のものを買わずにその製品を選択するということが理想的だとされる。
- ターゲットとなる消費者は、ブランド意識が大変高いものである。

- 市場で継続的に使用するか、もしくは広告費を拠出するだけの収益を上げて、ブランドを維持しなければならない。

技術のライセンス

　技術の知的財産からライセンス収入を得ることが一般化してきているとはいうものの、既に強調したように、必ずしもこれがすべてのケースに当てはまるわけではない。知的財産をライセンスするのは、例えば以下のような理由が存在する場合である。
- クロスライセンスにより、係争や訴訟のリスクをなくすため；
- ジョイントベンチャーの一環として、もしくは他の協業作業の一環として；
- 技術を共有するため。

　従って、技術ライセンス契約の締結によって、すなわち長期的な協力関係を確立したり、双方間の不要なやり取りをなくしたり、中間的位置を決めることができる。

ライセンス可能な技術の特定

　ある技術がライセンスに適しているか否かを判断する際には、以下に述べる項目を考慮し、主な問題を認識するとよい。必要であるなら、これらの基準を展開して、「その技術がライセンスできる可能性」をスコアで表したり、ランク付けしたりしてもよい。

(1) 基本事項

- 知的資産によって作られるか、もしくは強化される製品やサービスは何か？
- その製品・サービスの使用期間はどの程度か？
- 量、正味販売価格（NSP）、マージンは、どの程度になると予想されるか？

(2) 市場の受け入れ体制
- 市場ニーズが明確であり、それに対応するソリューションとなるものか？すなわち、技術プッシュなのか、市場プルなのか？
- その技術は、現在市場に存在する技術と比較して、大幅に進歩したものであるか？また、これが強み、弱みとなるか？
- 新たな製品と既存の製品と連携はどの程度可能か、もしくは、既存の製造プロセスをどの程度利用することができるか？つまりは、既に投資済みのものをどこまで利用できるかということである。
- 市場はどの程度成熟しているか？また、機会を生かすタイミングとしては今が適切か？
- 技術の成熟度と法的保護の状態は、製品を投入する時期にふさわしいか？
- 真の意味で持続可能な独占状態が法的保護として与えられるか？また、知的財産権の異議申し立てをされるリスクはあるか？

まとめ：この段階での技術導入のチャンスとなるのは何か？

(3) ライセンスする知的資産の種類
- ノウハウや知的財産権には付加価値があるか？
- ライセンシーは、ライセンサーのノウハウを継続して利用する必要があるか？またそうであるならば、継続利用は可能であるか？
- 知的資産の移転によって、ライセンサーの競争力が下がる可能性はあるか？
- 第三者の知的資産とライセンサーの知的資産とを組み合わせて、より魅力的な製品を提供できるか？
- 知的資産のライセンスにより、他にもライセンスする機会が生まれるか？

まとめ：どの知的資産をライセンスできるか、またどの知的資産をライセンスするべきか？さらに、どの知的資産を維持しておくべきか？

(4) 取引構造

- 他のライセンサーと連携することで、より完全な製品を提供できるような利点があるか？
- この技術を業界標準とするべきか？（ライセンシーに排他的なライセンスを提案するか、もしくは非排他的なライセンスを提案するか）複数のライセンシーを考えている場合は、市場で売り出す製品を確立するためにも、最初のライセンシーのロイヤリティ額は下げたほうがよいかどうか？
- ライセンシーに許諾する権利の幅を狭くして、製品・市場・地理的に市場をセグメント化することに利点は存在するか？
- 市場が細分化している場合は、ライセンサーやライセンシーの立場は、再ライセンスを行うにふさわしいものであるか？
- すべてのキャッシュフローに対しての承認を得ているか。重要なものはあるか（収入の流れで倍増するものはあるか）、支払いが回避される可能性はないか？
- ライセンシーによって改良される可能性はあるか？その場合は、ライセンサー側は権利を確保する必要があるか？
- ライセンサー側が改良する可能性はあるか？その場合は、ライセンシーに権利を許諾するべきであるか？

まとめ：ライセンスのみ、ライセンスとサポート、ジョイントベンチャー、新規設立、クロスライセンス、戦略的な提携など、ライセンサーにとって、リスクとリターンの最適なバランスがとれる方法は何か？

ライセンシーの特定

ライセンシーを特定するプロセスは、3段階に分けられる。最初に、対象技術に興味を示すと思われる企業を判断することが重要となる。次に、適切なライセンシーを特定する調査を実施する。最後に、ライセンシー候補をリストから絞り込む。

(1) 理想的なライセンシー（理想を特定しておいて、そのような企業を特定する）

- ライセンサーが提供するものの他に、ライセンシーが製品を商品化する可能性はないか？
- 技術・製造・流通などによって市場はセグメント化されているか？また、ライセンシー候補の数は多いか、少ないか？
- 対象技術は、サプライチェーンのどの段階で投入されるものか？
- 特許情報や競合他社調査の情報によると、キーとなる企業はどれか？
- 既存のサプライチェーン・製造チェーン・流通チェーン外では、機会や利益はあるか？
- 対象技術が、考慮するべき市場力学を変化させる可能性はあるか？
- ライセンシーを特定する際に考慮しなければならない点で、特許の有効性に異議申し立てが行われる危険性はあるか？

まとめ：流通ネットワーク、製造ベース、顧客の認知度、市場での地位、設計・開発能力などを考慮し、ライセンシー／パートナーとして理想的な企業はどこかを特定する。

(2) ライセンシー候補の特定方法

- いわゆる「パテントマイニング」を実行する。ここでは、第三者の特許を調査し、記載された発明がライセンシーの特許を侵害しているか否かを査定する。最近では、多くのソフトウエアツールやコンサルタント企業が登場し、パテントマイニングを補助している。
- 第三者の製品を購入し、自社の特許が侵害されているか否か究明する。侵害者を発見すれば、その侵害にあたる商業活動を停止させるか、もしくは新たにライセンス収益を得る方法を探る。
- 1990年代には多くのインターネットサイトが立ち上げられ、企業はそこで技術や関連知的財産をライセンシー候補の企業に向けて宣伝することが

できるようになった。現在でも残っている最大手の一つとして、yet2.com が産業のニーズに応じている。
- ライセンスの可能性がある事業や技術領域での調査を実施し、ライセンスの機会を特定する。ここで、調査を行う領域の特定・優先順位が大きな問題となる。最終的には、焦点を絞ってこうした調査を正確に実施しようと思えば、社内の法務・営業・技術のネットワークを効率的に用いる必要がある。
- 最後に最も重要な点である。従業員は多くの場合、ライセンスの機会に気が付いているものである。しかし、さまざまな理由から、経営陣にその機会を伝えることには消極的である。ここでは、インセンティブや公式レビュー・情報レビューを混合して活用し、そうした機会を抽出するのである。

(3) **ライセンシー候補を特定した後に、候補企業を絞り込むためのキーとなる基準**
- 現在および未来において、対象技術は、ライセンシーの製品群と補完し合うものか、競合してしまうものか？
- 対象技術は、ライセンシーの既存の製造・流通・販売ベースのコスト削減となるか、もしくはそれらベースを活用することができるか？
- ライセンシー候補のこの市場での地位はどの程度か？また、この地位は利点となるか欠点となるか？
- ライセンシーは直接的に、もしくはサブライセンスを用いて、市場を十分に活用できるか？

まとめ：ライセンシーのうち、対象技術を十分に活用する能力とインセンティブが最大である企業はどれか？

上記の情報を集める際には、さまざまな情報ソースを活用することができる。これらのソースは、最終的に2種類に分類することができる。
- 第1情報ソース：ライセンサーの従業員、コンサルタント、見本市の出席者など。
- 第2情報ソース（公開されたものや公共のソース）：特許、年次報告書、競合他社調査など専門会社から得た情報。

交渉

ライセンサー側がライセンシー候補と交渉を始める際は、以下のルートを使うことができる。
- 既存の技術コンタクトがある場合は、ここからコンタクトを取る。
- 自社の権利が侵害されていると思った場合は、ライセンシー側の法務部門に最初にコンタクトを取る。
- 技術や営業のマネージャに直接コンタクトを取る。
- 浮上したマテリアルはすべてターゲットとし、前節で述べた問題点を提示してライセンシー候補に対し、対象技術の利点を示す。

事業交渉の大半は、双方が自社にのみ利益が出る結果を模索するものである。つまり、相手側の支出によって、自社の収入を最大化するために交渉を行うのである。しかし、ライセンス交渉の場合は、ライセンサーは常に「双方に利益のある」状況を求めるのである。

このスタンスは、大半のライセンスのロイヤリティが出来高払いとなっており、ライセンシーがライセンスした知的資産の活用に成功するのに比例して、ライセンサーの収入が増加するためである。従ってライセンサーは、ライセンシーが商業的に成功するような契約を締結しようとするのである。例えば、長期的な観点から、ライセンサー側は、最初のロイヤリティを低く抑えるか、もしくは初期のロイヤリティをなくしてもよい。そうすれば、ライセンシー側は新たな事業を始めるにあたり、高額の初期コストに苦しむことはない。

しかし一般的には、ライセンシー側が譲歩を求めてきた際に、それが双方の利益となるのか、ライセンシーの利益にしかならないのかを査定することは、相当難解な問題である。従って、満足できる結果を導き出すためには、ライセンサー側は極めて入念な準備を行わなければならない。

準備段階
　ライセンシー側との交渉の準備段階では、以下の点を考慮する。
(1) 交渉中に念頭に置くべき包括的な問題点を挙げる。
- ライセンシーとの協力関係は長期的なものとして打ち立てる必要があるか、またはその関係を維持する必要があるか？
- 交渉中、契約条件に影響を与える企業はあるか、つまり、契約したライセンスに対して、最も魅力的な他の選択肢を提供する企業はどれか？

(2) ライセンサー側の最低交渉ライン・他の選択肢・優先事項を明確にする。
- ライセンス収入を最大化すること、改良に関する権利を得ること、もしくは下請け契約を締結することなどのうち、焦点となるのはどれか？
- 出来高払い、先払い、年払い、目標達成ごとの支払い、株式移転（もしくはこれらの組み合わせ）など、ロイヤリティの支払方法はどうなるか、またいつ支払われるか？
- ライセンシーが十分に市場を活用するように仕向ける必要があるか？ライセンシーに特定の業績目標を与える、ライセンスに一定の更新期間を設ける、ライセンシーに対し最低支払額を設けるなどである。
- 直接、もしくはライセンシーのサブライセンス能力によって、どの市場セグメントをこのライセンシーに与えるべきか？市場制限が必要な場合、制限を利用・製造・販売の点に適用するべきか？
- 受容可能なリスクはあるか、また回避するべきリスクはあるか？
- 改良に関する権利のうち、どのような権利を自社が得るか、もしくはライセンシーに与えるか？

- 製造物責任やその他の保証をライセンシーに与えるべきか？これには保険で保証する必要があるか、もしそうであれば法的責任に上限を設けることは可能か？
- ライセンシーが、ライセンサーの同意が必要な行為をする可能性はあるか？
- ライセンサーには、侵害者を提訴する能力が必要か？
- 特許手続きはライセンサーが管理するべきか、また継続コストを支払うのは誰か？

(3) ライセンシー側の最低交渉ライン・他の選択肢・優先事項を予測する。
- ライセンシーは、自由実施権、独占権、ノウハウの利用を求めているか？
- ロイヤリティが何％になれば、ライセンスの魅力が下がるか、ライセンシーのライセンス以外の選択肢とは何か？
- ライセンスしたことによって、実際にライセンス料がサポートされるようになるのはいつごろか？
- ライセンシー側が行うイグジット方法とは何か？
- ライセンシーに再ライセンスする能力を与える必要があるか？
- ライセンシー候補にとっては、ライセンス契約をするよりも、特許の有効性に異議申し立てを行ったほうが、魅力ある選択肢になるのではないか？
- ライセンシーやその競合他社は、合理的な迂回設計が可能か？
- ライセンサーが（必要に応じて）改良する場合、ライセンシーの市場地位が損なわれる可能性はないか？
- ライセンシーには、侵害者を提訴する能力があるか？
- ライセンサー側が公開したくないソースコードや数式・化学式データなどの知的資産はあるか？（ライセンサー側がライセンス契約を履行しない場合にライセンシー側が利用しなければ、取引を停止せざるを得ないような知的資産のこと。）もしこうした知的資産が存在するのであれば、第三者にエスクロー（預託）[5]する選択肢はあるか？

(4) ロイヤリティの提示金額を決定する際、妥当な金額とするためにさまざまな金額評価方法を用いるほうがよい。第16章でいくつかの評価方法を検討するが、それらに含まれるものは以下となる。
- 経験則にのっとった金額、つまりライセンシーの利益の25％
- 業界・ライセンシー側・ライセンサー側の平均ロイヤリティ額
- ライセンシーの経営の詳細な事業モデルを基にした計算額

(5) 最後に、交渉開始前に上記事項をすべてつなぎ合わせて、以下の項目を決定する。
- 持続的な契約に合意するに十分な共通点が見いだせるか？
- 最初に申し出る条件は何か、また最低ラインはどの程度か？
- 交渉中に譲歩できることは何か？

交渉段階

ライセンス交渉を成功させるためには、入念な準備がキーとなる。加えて、交渉そのものの段階では、適切な雰囲気を作ることが重要となる。通常、雰囲気作りに際してのポイントは以下となる。
- 友好的かつオープンな対話ができるようにする。相手のメンバーに知り合いがいて、仲良くしている者がいるのであれば、交渉会議にはその人物を入れることを検討する。比較的無難で対立要素の少ない問題から交渉を始めるのも有効な手である。
- 交渉を始めるスタンスを明確にする。
- 既に合意されているポイントと、未解決のポイントを記録しておく。
- ロイヤリティの交渉に移った際には、自社の申し出や、もしくは修正した申し出は、すべて論理的な根拠を提示して説明するほうがよい。ロイヤリ

---

5 ライセンサーはエスクロー（預託）業者に対象情報を預託する。そしてライセンサー・ライセンシー・エスクロー業者間で契約を締結し、情報が預託業者からライセンシーに公開される状況の詳細を定義する。

ティに関して合意が困難となった場合は、双方が合意して一つの金額評価方法を採用し、その方法に必要なデータ（売上高、準備費用など）について交渉を進めることができる。ここで収穫がなくても、事業モデルと合意すべきキーとなる問題を双方が理解することができる。

　また、事前に合意され、明確な目標が設定された交渉課題に沿って交渉を進めるのもよいだろう。通常、一回目の交渉会議では、重要な問題と争点となりそうな点を特定することに集中するべきである。これらの点を解決しようとするのではない。従って、最初に検討する交渉課題の中でキーとなるポイントは、以下の項目となる。

- ライセンシー側が利用する必要がある知的資産と、その利用方法を理解すること；
- ライセンサー側が所有し、譲渡することができる知的資産を理解すること；
- 関連の背景情報、特に交渉中に障害となりそうな事項をすべて開示すること；
- 詳細な交渉に必要となる重要事項を特定する観点から、ライセンスの構造の概要を確認すること。

第15章　契約

ライセンス契約
　簡略に説明すると、ライセンス契約書は、通常いくつかの基準となるセクションに分かれている。以下こうしたセクションの表題を挙げて、ライセンス契約書を草稿する際に考慮するべき主な問題を抽出していく。

契約当事者に関する条項
　このセクションでは、契約の当事者となる法人組織を特定する。契約当事者が誰であるのかは明白であるが、これは以下の事項をチェックする意義がある。
- ライセンサーは、対象となる知的財産の所有権を有するか、もしくは再ライセンスをする権利を有している（例えば場合によっては、他のグループ内カンパニーが知的財産の実際の所有者であり、ライセンスの当事者となることも起こりうる）；
- 各当事者は契約を締結する能力を有する。ここでは、各当事者の覚書と定款、さらにライセンスに署名する者の委任者をチェックする。

　一方の当事者が間違って、契約の時点ですべてのグループ内カンパニーが権利を得ると思い込んでいると、混乱が起きる元になる。しかしこれは、特に規定された者でない限り当てはまるものではない。つまり契約の当事者として特定された法人組織に対してのみ、権利と義務が生じるのである。

説明条項
　説明条項は、ライセンス契約書の背景と目的を説明するものである。これは、将来的に契約書に目をとおす者が契約の趣旨を素早く理解できるように、両当事者の趣旨の概略を示した有用なものである。

しかし、ライセンス契約書のこのセクションは必ずしも必要なものではなく、文言が正確で各当事者の利益を害することがないように、注意が必要となる。

定義条項

このセクションは、契約書内で使用頻度の高い用語を定義するものである。英文契約書では、大文字で始まる単語は、定義された用語である。例えば、"Licensed Rights" は定義された用語であり、"licensed rights" は定義されていない単語である。定義しておくべき一連の用語は以下となる。

- 通常、説明やリストを参照することにより、「知的財産権」を定義する。
- ロイヤリティが支払われる場合は、「単価」や「正味請求価格」などの用語は定義したほうがよいだろう。
- ライセンシーの権利が特定の地域に限定されるものであるならば、「地域」を定義したほうがよい。

実施許諾に関する条項

このセクションでは、ライセンシーに与えられる権利と、ライセンサーが保持する権利を定義する。許諾には以下の3種類がある。

- 通常実施権：ライセンサーは、他にライセンスを許諾してよい。
- 独占的通常実施権：ライセンサーは、他にライセンスを許諾することはできないが、その知的財産を使用し続けることができる。
- 専用実施権：ライセンサーは、他にライセンスを許諾したり、知的財産を使用したりしてはならない。

こうした権利は、市場や時期で限定される。例えば、あるライセンシーが、米国では製造の専用実施権を与えられ、他の場所では通常実施権を与えられる場合もある。このような限定は、製造・販売・賃借などに適用される。しかし、実際にこうした統制を行う方法については、十分に考慮しなければならない。例えば、特定の地域でのみ、製品を製造・販売する権利を、ライセンシーに与

えるのである。ここで考えなくてはならないことは、こうした販売の限定に強制力があるか否かである。例えば、第三者が製品を購入し、ライセンサー自身が参入している地域や、他の製造業者にライセンスを与えている地域に向けて、その製品を販売したらどうなるか？この場合は、最初のライセンシーに要請して、ライセンシーの顧客が制限地域に製品を再販売しないことを取り決めておかなければならない。

　また、製造・使用・販売・複製・送信・派生作業など、ライセンシーにどの権利が許諾されるのか、明確に特定することも重要である。

　ライセンシーがサブライセンスを許諾する能力についても定義が必要である。一般的には、ライセンシーは、ライセンサーの同意が得られる場合にのみサブライセンスを許諾する権利を有する。ここで契約書では、正当な理由なしに同意を留保してはならない旨が記載されていることが多い。つまりライセンサーは、自らの利益に関して妥協しなければならなくなる。

対価条項

　ライセンス契約書では、ロイヤリティの支払い期限日と期限日の決定方法について記載しなければならない。以下の例に示すように、さまざまなロイヤリティの取り決め方法が存在する。
- 一回払い
- 売上高と関係ない定期的な定額制
- ライセンシーが販売・生産した品目あたりの定額制
- ライセンシーの収入に応じた額
- 特定の事象によってロイヤリティの発生・停止・変更を決定する
- 上記の組み合わせなど

　ロイヤリティ額の決定方法を定義する際には、以下のようなさまざまな問題を考慮する。

- ライセンサー側としては、ロイヤリティ額の決定方法によってライセンシーにインセンティブを与え、ライセンシーが十分に市場を活用して、ライセンサーに最大限のロイヤリティを還元してもらうことが望ましい。特に専用実施権を与えた場合には、この点が重要となる。専用実施権ではライセンサーの収入がライセンシーの売り上げのみにかかってくる。これをある企業に許諾した後に、そのライセンシーが、対象技術が市場に参入することを防止するためだけにライセンス契約を締結したことが発覚するような状況は、ライセンサーにとって望ましいことではない。
- ロイヤリティ額が製品やサービスの売り上げに関連する場合は、これらの用語を正確に定義することが重要となる。例えば、ライセンシーが製品やサービスを従属部品に落とし込んで、価値の低い従属部品からの売り上げに基づいたロイヤリティ額のみを支払うなど、ロイヤリティの支払額を減少できないようにすることが重要である。
- 注意点としては、ロイヤリティの支払いは、使用・雇用・販売・再ライセンス・担保としての利用・製造など、ライセンスした知的財産からライセンシーが収益を上げることができるすべてのルートから生じるものである。
- ノウハウと特許の組み合わせに対して権利を与える場合、そして特許の期間満了日を超えて契約が継続する場合は、特定の国々で契約が法律上無効化されるのを避けるため、ノウハウと特許に関するロイヤリティの比率を特定し、特許期間が満了した場合にロイヤリティ額を調整できるようにする。
- ライセンシーや、ライセンシーの事業のうちライセンスした知的財産を利用している部分が売却される場合、ライセンサー側はリターンを得ることができるのか否かを考慮しておくとよい。新興企業に知的財産をライセンスする場合はこれが特に重要となる。新興企業の場合は、最大の収入は、初期出荷製品よりも事業の売り上げから得られるものである。この場合、ライセンサー側はその事業の売却額や債権の金額の一部を受け取るようにするとよい。

ライセンサーが、「最優遇条件」をライセンシーに与えることもある。この場合は、このライセンシーに与えた条件を超える優遇条件で、知的財産を他の企業にライセンスしないとする取り決めが行われる。

期間条項

指定期間、もしくは知的財産の満了期限と関連するように、契約の有効期間を定義しておかなければならない。各当事者が契約期間を延長する権利も定義しておくとよいだろう。

会計条項

この条項では、ライセンサー側がロイヤリティ支払額を判断するために、ライセンシー側が保存・提出する記録を定義する。ライセンサー側は、ライセンシー側の記録を正確なものとするために、監査する権利を要求してもよい。

ライセンス契約書のこのセクションでは、以下の項目も取り決められる。
- ロイヤリティが支払われる銀行口座を特定する
- 支払いが行われる通貨を定義する
- 支払日を明記する
- 支払遅延に対する罰金を記載する

改良発明条項

ライセンサー、もしくはライセンシーによって改良発明がなされた場合について、この改良発明に関する各当事者の権利を定義する。従ってライセンス契約書では、以下の項目が取り決められる。
- 「改良発明」を定義する（例えば、以下のものを改良発明とする。ライセンスする知的財産権を侵害するすべての知的財産；ライセンスした知的財産の利用に際して、正当に商業的な利益が生じるすべての知的財産；ライセンスする製品・サービスに組み込むことができる特徴を持つ知的財産など）；

- 各当事者が改良発明を行った旨を、もう一方の当事者に通知する義務を記載する；
- 改良発明を所有する者、その改良発明の保護方法を決定する者、さらにこうした活動のコストの捻出方法について記載する；
- 各当事者の改良発明に対するそれぞれの権利を定義する。

注：グラントフォワード条項は、ライセンサー側が行った改良発明に対するライセンシーの権利を定義する。グラントバック条項では、ライセンシー側が行った改良発明に対するライセンサーの権利が定義される。

秘密保持条項

　発生したり受け取ったりする機密情報を公開・利用する権利に関しては、両当事者に制限がある。ライセンス契約書にこうした制限が含まれる際は、商業情報とは何かを定義しておく必要がある。このような情報を明確にリスト化できない場合は、説明書を作成しなければならない。この説明書は、以下のような一般的な特徴に基づいて作成されるものである。

- 取引や事業において周知ではない情報
- 一つにはその入手が限られているために、経済価値を生むような情報
- 秘密保持の対象となる情報

　情報の重要性や機密性に応じて、情報の使用や管理の際の取り扱い基準を定義するとよいだろう。比較的よく見られる例では、ライセンシーが、ライセンシーの情報を、自らの情報と同じ基準で取り扱うように明記している。しかし、これでは厳密性に欠ける場合もある。他には、最低限許容される取り扱い基準の例がある。例えば、情報を使用しない場合はキャビネットに入れて施錠して保管する、コンピュータのネットワーク上で情報を保管する際は、必知事項のある特定の人物のみにアクセスを限定するなどである。情報が使用されるケースをリスト化することも可能である。例えば、特定の工場での必知事項に基づいて、プロセスのパラメータを設定するなどである。

ライセンサーの義務に関する条項

ここでは、例えば以下の項目を定義する規定が必要となる。
- ライセンサーは義務として、知的財産権の有効性を保つこと；
- ライセンサーが提供する補助と情報。ここでは、サポートの最低ラインと最高ラインを記載しておくとよい。

ライセンシーの義務に関する条項

ライセンシーの義務を特定する。以下、この義務に含まれる項目となる。
- 十分に市場を活用すること。「ライセンサーは十分に市場を活用するために相応の努力を払うこと」とした一文を入れるだけにしてもよい。また、達成すべき目標や行動の詳しいリストを作成してもよい。
- 通常は、ライセンシーがライセンサーの名前を使う場合、もしくは使わない場合の手順を定義する。例えば、ライセンシーがマテリアルを市販する場合や包装の上にラベルを付ける場合に、ライセンサーの名前を使うこととする。逆に、ライセンサー名の使用を禁じる場合もある。
- ライセンシーへの要件として、合意した仕様書に従ってすべてのものを製造すること。

保証責任・損害補償条項

注：ここで保証責任とは、一方の当事者が、他方に対して特定の保証を与えることであり、損害補償とは、特定の事象が起きた場合、もしくは起きなかった場合に、補償を行うことである。

以下、通常このセクションで取り決められる項目となる。
- ライセンサーは、自社がライセンスしている知的財産を所有していること、もしくは別にライセンス契約を締結する権利を持つことを保証する。
- ライセンサーは、ライセンシーが知的財産を利用することで、侵害してしまう第三者の権利を認識していないことを保証する。
- ライセンシーは、知的財産を利用することによって生じるすべてのコスト・

クレーム・損害・支出について、ライセンサーに補償しなければならない場合がある。この規定の一環として、ライセンシーは適切な保険に入らなければならない場合もある。ライセンサーは、ライセンシーの資金が限られている場合は、このような保護措置を要求することが多い。
- 当事者の義務をいくつか限定する規定を設ける場合もある。これは、上限を決める形で規定を設けたり、別にライセンスによる収入全体の価値に基づいて、義務を限定したりしてもよい。

ライセンシー側が、ライセンスされた知的財産を利用しても、第三者の権利を侵害することはないとした取り決めを要請する場合がある。この要請が起こるのは、以下のような状況である。
- ライセンシーが知的財産の法的側面に疎く、この要請が正当なものであると思っている場合（ライセンサーの権利ではなく、第三者の権利を立証するのは、通常ここでの保証責任はない）。
- 交渉でライセンシーが非常に強い立場にある場合、つまりライセンス契約が大きな商業協定の一部であり、ライセンサーに選択肢が少なく、容認せざるを得ない場合。

侵害条項

ライセンス契約書では、第三者がライセンスした知的財産を侵害していることが発覚した場合、どのような措置を取るかを明記する。特に、誰が侵害者を提訴することができるか、誰が訴訟のコストを支払うか、誰が損害を受けるかを定義する必要がある。

ライセンスが専用実施権であれば、ライセンシーが提訴する権利を得る場合が多い。ただし通常実施権であれば、提訴する側を決定するのは難しい。

ライセンシーが侵害者を提訴する権利を得る場合であっても、補償を引き出したのはライセンサーの知的財産であるため、ライセンサーは和解額の一部を受け取ることができると考える場合もある。

また契約書には、特定の状況下ではロイヤリティを減額、もしくは一時停止する規定も含まれている。この特定の状況とは例えば、第三者に侵害されている場合、侵害者とされる相手に対し、何の措置も取っていない場合、もしくは侵害者に敗訴した場合である。

仲裁条項

　ライセンス契約書では、係争になり、両当事者間では解決できない場合の措置も明記する。通常ここでは、調停や仲裁となる。
- 調停：調停者は、係争解決のために訓練を受け、認可された人物である。調停者の役割は、両当事者を補助して係争を解決することであるが、和解を強要することはできない。
- 仲裁：通常、仲裁には両当事者に対して法的拘束力があるため、概念に関しては訴訟と同様である。ただし一般的に、仲裁はより迅速で安価となる。

契約終了条項

　ここでは、どのような状況下で、誰がライセンス契約を終了させることができるのかを特定する。以下、条件となる状況である。
- ロイヤリティが支払われなかった場合
- 秘密保持義務が不履行になった場合
- ライセンシー、もしくはライセンサーが一方的にライセンス契約を終了する権利を持つ場合

　この条項では、契約終了後も有効に継続する権利や活動も記載する。つまり、徐々に縮小してもよい活動、契約終了時に停止すべき活動、ライセンス契約後も継続してよい活動などである。

ライセンス契約書の処置に関する条項

　ライセンス契約書は、封印するか、もしくは人目につかないようにしておく必要がある。法的拘束力がないライセンスの場合は、契約書は封印されていなければならない。この場合は、一人以上の立会人の連署が必要である。

定型条項

　このセクションでは、残りの背景的条項で、上記の項目に当てはまらないものをグループ化する。以下、残りの条項となる。
- 連絡・通信のための窓口
- ライセンス契約書の解釈に際し、適用する国の法律
- すべての権利や義務の配分

大学との研究契約

　公共団体や民間団体が大学での研究に出資するのは、以下のようにさまざまな理由がある。
- 他のルートでは手に入らないスキルや専門知識を利用するため。
- 通常、業界内よりも大学の料金が低いため。
- 出資者がプロジェクトに金銭を投入すれば、実施許諾が得られるため。
- 出資することによって、政府・地方自治体・圧力団体などに働きかける際に有用な関係が構築されるため。

　ただし大学を利用する際には、さまざまな問題点も浮上する。
- それぞれの研究者や学部は、出版物の質と数によって評価されている。従って、研究者は研究の成果を出版しなければならないプレッシャーを抱えており、これは出資者側の利益と反することが多い。
- 大学側から出資者側へ知識を移転することは難しい。
- 契約交渉の際、特に知的財産条項の交渉の際、多くの時間と努力を要する。
- 研究のタイミングや進捗は、学生の存在によって影響されることが多い。

学生は決まった時間枠の中で研究を完成し、論文を書き上げなくてはならないのである。

結果として多くの企業では、長期的な研究のみを大学と行い、研究契約を自社が実現可能な技術領域のみに限定している。

大学との契約：知的財産条項
研究契約では、以下の項目が取り決められる。
- 背景となる知的財産や将来的な知的財産に関する各当事者の権利と義務を記載する；
- 将来的な知的財産を誰が所有するのかを確認する；
- 知的財産を使用するか、もしくは商業利用する場合について、大学・創作者・発明者への補償額の基準を記載する。

上記の項目を以下で検討する。

背景となる知的財産の権利
大学側は、研究契約で背景となる知的財産の権利を許諾することには、消極的な姿勢を示すことが多い。そして、実際に権利を実施する予定ができるまで、交渉を延ばそうとするのである。出資者側にはこれは受け入れがたい。出資者は、未知数の知的財産のために、研究が完成した後にライセンス交渉を始めることを望んではいないのである。出資者は代わりに、研究契約で、継続的なコストや取引内容をすべてはっきりと特定しておきたいのである。

背景となる知的財産の価値について、意見が一致しないこともある。通常、背景となる特許や価値の高いデータなどがなければ、出資者は背景となる知的財産に巨額を投じようとは思わない。背景となる知的財産が単なるノウハウである場合、出資者は、研究契約に記載された料金でノウハウ利用料は既に支払っていると主張することになる。

図15.1を利用して、低いロイヤリティ額（ほぼゼロ）が適切である場合、もしくは大学側が背景となる知的財産の利用に関して、ロイヤリティを要求する根拠がある場合を特定することができる。

	ロイヤリティ	
	有り	無し
出資者が求める権利は、 ● 専用実施権である（ロイヤリティ額：高） ● 通常実施権である（ロイヤリティ額：低）		∎
ライセンスされる知的財産の種類は、 ● 暗黙知である（ロイヤリティ額：低） ● データ・図面などである（ロイヤリティ額：中） ● 特許である（ロイヤリティ額：高）	∎	
背景となる知的財産の役割は、 ● 出資者の収益を上げるか、もしくはコストを削減する（ロイヤリティ額：高） ● 出資者の収益やコストにはあまり影響がない（ロイヤリティ額：低）	∎	
総計	∎	

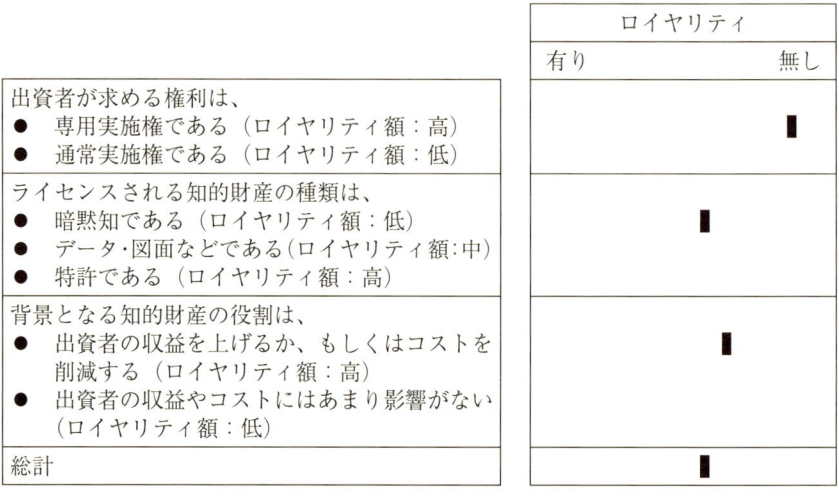

図15.1　背景となる知的財産の評価

将来的な知的財産の所有権と権利

　これは、交渉で解決するには最も困難なところである。通常大学側は、大学が出資者側の利益範囲外で知的財産を使って収入を得るためには、所有権が必要であるという前提に基づいて、将来的な知的財産の所有権を得ることを望む。しかし、知的財産は通常契約上の主要な派生物であり、出資者側は、出資者が事実上購入したものを所有するべきであると主張することになるだろう。結局のところ、これは考え方に関する議論なのである。両当事者とも、知的財産の所有権を必要とするのは、実施権や統制を得るためではない。これらは所有者からのライセンス契約の中で定義されている。実際に討議が必要なキーとなる問題点は、以下となる。

● それぞれの市場に対しての権利は誰にあるか？

第15章　契約

- 他方の当事者に支払われるべきロイヤリティ額は？
- 特許手続きに資金を拠出し、手続きのプロセスを管理するのは誰か？

　最近の傾向では、最初から出資者に知的財産に関する既定の権利を与えない大学もある。そうした大学は、代わりに時間制限付きオプションを提案している。制限期間中に、将来的な知的財産や背景となる知的財産のライセンスを交渉する権利を、出資者に与えるのである。交渉で大学側が極めて強い立場にある場合を除いては、これを受け入れる出資者はいないだろう。この交渉法は近年、より攻撃的な交渉スタンスを取る大学でシステム化されている。この方法では必然的に交渉はより困難になり、時間もかかる。結果的に、多くの出資者が大学との研究開発のレベルを下げることになったのである。

第16章　知的資産の評価

　知的資産の評価は、大いに注目されている領域である。現在多くの企業が知的財産や他の知的資産を評価するツールを開発中である。この流れは、以下のようにさまざまな事情に応じたものである。
- 知的資産価値の一般的な傾向をモニタリングする必要性。（それによって問題点を特定したり、さらに経営イニシアチブが価値の向上に役立っているか否かを査定したりする）；
- 企業全体から生じる価値の違いを理解する必要性。（この価値は、株式市場での価値や固定資産の価値によって証明されている）；
- グループ内カンパニーや第三者への知的資産のライセンス・買収・譲渡を補助するためのデータの必要性。

　しかし、主要業績評価指標（KPI）や他の評価指標の利用が増加していることから分かるように、経営陣にとっては、必ずしも金銭的指標を利用する必要はなく、またそのような指標が常に望ましいわけでもない。例えば、プロジェクトの価値が既に判明している場合は、簡単な評価指標を用いて、そのプロジェクトの商業的成功が特許によって左右されるか否かを示し、その特許の実用性を適切に表すことができる。ただし、評価指標を用いる際には注意が必要である。評価を担当する側と評価結果を見る側が、知的資産のどの側面が評価されているか、またこの特徴はどのように表されているかについて、共通の見解を持たなければならない。従って、評価指標の利用方法を明確に理解してから、評価指標のシステムを構築するべきである。
　金銭的価値は通常解釈しやすいものであるためこうした問題はない。しかし、知的資産の評価は厳密に科学で証明されるものではなく、簡単に済むものではない。

本章では、知的資産の評価に用いるさまざまなアプローチを検討し、さらに他にも企業が利用できるさまざまな評価指標を考察する。

金銭的評価

知的資産の評価に用いられる方法は数多くあるが、すべての方法は３つの基本的なアプローチから派生したものである。

収入アプローチ	
このアプローチは、特定の知的資産を利用することによって生じるマージンの上昇から、直接計算するものである。	例： ● 業績データを利用して、タスク完了に必要なリソースを削減する場合 ● 設計明細書を利用して、競争入札で製造作業を外注できる場合 ● 特許取得の結果、競合他社が市場に参入できなくなり、利幅が増加する場合

市場アプローチ	
このアプローチは、既に価値が判明している他の知的資産を参考にして、知的資産の価値を判断するものである。	例： ● 類似した知的財産や知的資産が既に評価されている際に、無関係な当事者間でライセンス契約を締結する場合 ● 類似の商品をそれぞれ別に取引してきた場合

コストアプローチ	
このアプローチは、知的資産を置き換え・複製するコストを測定するものである。	例： ● 工学設計にかかるコスト ● 技術開発に必要な研究開発コスト

それぞれの方法には利点と欠点がある。以下の表は、さまざまな知的資産に最も適した方法を示している。[1]

方法	最適	適切	不適切
特許・技術	収入	市場	コスト
商標・ブランド	収入	市場	コスト
著作権	収入	市場	コスト
流通ネットワーク	コスト	収入	市場
企業実務・手順	コスト	収入	市場
製品ソフトウエア	収入	市場	コスト

以下の例は、これらアプローチの実際の利用方法である。

収入アプローチ

収入アプローチは、知的資産の利用が原因と思われる累積的なマージンの上昇を考慮するものである。マージンの上昇は、以下の領域でみられる。

- プレミアム価格：知的資産の利用をとおして事業が受ける追加収益を考慮する方法
- コスト削減：知的資産の利用によってもたらされるコスト削減額を考慮する方法
- 超過営業利益：コスト削減とプレミアム価格を組み合わせた効果によってもたらされる収入の増加を考慮する方法

収入アプローチは、すべてのキャッシュフローと不確定要素を検討するものである。しかしこれには、市場と事業についての深い知識が必要である。

一つの「アイデア」が、最初の研究から製造に至るまでさまざまな発展段階を経る過程を追跡した簡単な例を使って、このアプローチを説明する。

---

1 G. V. Smith and Russell L. Parr, *Valuation of Intellectual Property and Intangible Assets*, John Wiley, New York, 1994

	最初の研究	試作品制作	製造準備	市場での立ち上げ	製造

以下の表は、この分析を行うにあたり必要なコスト・収入・確立のデータを示す。

各段階における失敗の確立	50%	10%	10%	5 %	0 %
活動による支出／収入	－1万ポンド	-10万ポンド	-50万ポンド	-10万ポンド	活動あたり100万ポンドの売上高、10年間に30%の収益

製品の展開は、「意思決定の樹形図」として以下に示す。考えられる結果は5種類あり、そのうち4つは失敗である。

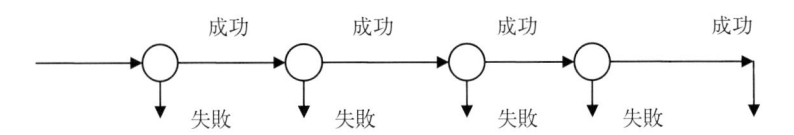

```
          成功        成功        成功        成功
    ──○────○────○────○────→
      │         │         │         │
      ↓         ↓         ↓         ↓
     失敗      失敗      失敗      失敗
```

ここで、それぞれの結果の金銭的な影響と確立を計算する。

結果に至る累積確立	50%	5 %	4.5%	2 %	38.5%
累積支出／収入	－1万ポンド	-11万ポンド	-61万ポンド	-71万ポンド	229万ポンド
価値	-0.5万ポンド	-0.55万ポンド	-2.75万ポンド	-1.45ポンド	88.17ポンド

それぞれの結果についての価値をまとめると、プロジェクトの全体的な価値は、88.17百ポンドとなる。

ここで特定の知的資産の影響を、この「意思決定の樹形図」上に配置する。例えば、新製品の製造ライン設計に用いられる既存のノウハウを評価対象とする。ここで、このノウハウを展開する必要がない場合と、推定上、失敗する可能性が低くなる場合の両方に関して評価を行う。これによって、異なるプロジェクト価値が出る。当然ながらこの違いが、プロジェクトに対するこのノウハウの価値である。

　しかし、上記のアプローチには欠点がある。上の例では、現時点の収入１ポンドが、数年後の収入１ポンドと等価であると仮定したが、実際にはそうではない。従って収入アプローチでは、通常割引率、いわゆる「資本コスト」を用いて、将来的な収入と支出の価値を切り下げておき、これらの金額を純現在価値（NPV）に置き換える。

　年８％の資本コスト（会計士による一般的な歩合）として、それぞれの段階が一年かかると予想すると、製品立ち上げにかかる支出を表で表すことができる。

現時点の価値（つまり割引後の値）は、キャッシュフローに累積割引率をかけて求められる。

この値は割引後のキャッシュフローと収入が入る可能性を合わせたものである。

年	キャッシュフロー	割引率	割引後のキャッシュ	事象の起こる確立	推定NPV
現在	－1万	1	－1万	1.0	－1万
1年後	－10万	0.92	－9.2万	0.5	－4.6万
2年後	－50万	0.846	－42.32万	0.45	－19.044万
3年後	－10万	0.779	－7.787万	0.405	－3.154万
4年後	30万	0.716	21.492万	0.365	8.274万
5年後	30万	0.659	19.772万	0.365	7.612万
6年後	30万	0.606	18.191万	0.365	7.003万
7年後	30万	0.558	16.735万	0.365	6.443万
8年後	30万	0.513	15.397万	0.365	5.928万
9年後	30万	0.472	14.165万	0.365	5.453万
10年後	30万	0.434	13.032万	0.365	5.017万
11年後	30万	0.4	11.989万	0.365	4.616万
12年後	30万	0.368	11.030万	0.365	4.247万
13年後	30万	0.338	10.148万	0.365	3.907万
				合計	30.703万

　従って、プロジェクトが成功した場合の収入の値は30.703万ポンドとなる。しかし、他の4つの結果（つまり、資金を投入してもプロジェクトが失敗する場合）についても同様の分析をしなければならない。すべての結果をまとめると、26.52万ポンドの値となる。この値が、プロジェクトの純現在価値である。

　上記の例は、比較的簡単なものである。より現実的で複雑な事業の計画では、こうした分析の計算はより複雑になり、通常スプレッドシートで行われる。

　上記の分析では、もともとの「アイデア」と価値の関連性を述べていないことに注目するべきだろう。多くの場合、特にライセンス交渉では、このもとも

とのアイデアを評価する方法が重要となる。

　価値は、以下のように推定されるものである。

　大半の産業や企業では、投資に対する通常の予想リターン額が既に合意されている。これは、業界収益率や内部収益率（IRR）と呼ばれる。本章の分析を再度利用して、このIRRを達成するプロジェクトと一致する「アイデア」の価値を求めることができる。

　この計算は、資本コスト（8％）と関連IRR（通常12%）を置き換えるだけでよい。こうして計算されたプロジェクトの価値は、「アイデア」の価値であるととらえることができる。つまりこの場合の価値は、11.86万ポンドである。

　注意すべき点として、この分析では、「アイデア」の価値がマイナスになることもありえる。ただしこのような事態になるのは、プロジェクトで、必要な投資・リスクに対して通常よりも低い収益が見込まれる場合のみである。おそらくこの場合は、プロジェクトは継続されないだろう。

注：ライセンス交渉でよくあることだが、ライセンシーは、上記の評価に必要な情報を共有することに消極的である。つまり、ライセンス対象の知的財産の価値について、ライセンシーとライセンサー間での話し合う際には、このアプローチは適さない可能性もある。しかし、このアプローチによって、ライセンシー側は、アイデアの真の価値を明確に知ることができるのである。

市場アプローチ

　知的資産の価値を判断するためには、相対的な取引例を特定する必要がある。つまり、既に公知となっている相対的な知的財産の価値を参考にして、価値を判断するのである。

　知的資産を評価する際は、相対的な市場取引例を探してもほとんど無意味である。これは、たくさんの売り上げやライセンスのデータから、相対的な取引例を見つけ出すことが難しいためではない。知的資産は通常売却用に開発されるものではなく、データが非常に少ないためである。

しかし、非常に単純なレベルでは、大体の目安が定着している。大まかなアドバイス程度でしかないが、こうした目安は長年うまく利用されている。
- 25%ルール：既定値として企業の収益の25%が、同社の知的資産に相当するとものとする。
- 特許とノウハウの相対的価値：多くの訴訟では、既定として、知的資産全体の価値のうち25〜33%が特許に相当するものと裁定されている。

コストアプローチ

このアプローチでは、知的財産を置き換え・複製するコストを測定するものである。
- 複製コストは、最初のコンセプトから現在の構成へと、知的資産を自由に複製するコストを基にしている。
- 置き換えコストは、知的資産を最も近くで利用可能な代替物に置き換えるコストを設けるものである。

例としては、
- 工学設計にかかるコスト
- 特定の技術開発に必要な研究開発にかかるサンクコスト

この評価方法では、以下の項目を検討する。
- 間接費
- 給料と関連コスト
- 外部コスト
- 設備投資など

置き換えコストや複製コストの値を求めた後は、減価償却や老朽化を考慮して調整を行う。
このアプローチの利点は、一般的に時間がかからないことである。

しかし以下のようにさまざまな理由から、この方法は大半の知的資産の評価には適していないのである。
- 知的資産から生じる経済的利益を基にしていない。
- 競合他社の影響や強みを考慮していない。
- リスクや不確定要素が無視されている。

このアプローチを上記で検討した例に当てはめると、こうした限界点が見えてくる。特に、「アイデア」の価値は、単にその創出に関するコストになってしまう。状況によってこれは、発明者が椅子に座って考え込んだ5分間にかかるコストであったり、主要な研究開発部門が、24時間体制で作業した5年間にかかるコストであったりするのである。

市場アプローチと収入アプローチでは、「アイデア」の価値は10万から15万ポンドとなる。一人の研究者にかかる内部コストを、活動あたり約7.5万ポンドとし、その研究者が2年に一度、一つの「アイデア」を思いつくと仮定すると、コストアプローチで同じような数字が出る。しかし同様の状況からは、非常に異なった値が出るのである。

リリーフ・フロム・ロイヤリティアプローチ

「リリーフ・フロム・ロイヤリティ」アプローチは、第三者が問題の知的資産を所有している場合、その第三者に対して支払うロイヤリティ率を特定するものである。この方法は、収入アプローチの変型である。しかしこの場合は、ロイヤリティ率を収入源や収益源で乗算して価値を判断する。これは、移転価格を決定する際やその他多くの場合に、最もよく用いられる方法である。

リリーフ・フロム・ロイヤリティアプローチを用いる評価方法は、数多くの取引例を参照して、相対的なロイヤリティ率を特定する必要がある。幸いにも、さまざまな外部の出版物やインターネットサイトから情報を得ることが可能である。さらに、大きな会計事務所は、こうした分析に使われる有料のデータを集積している。以下、こうした情報源[2]から提供される一般的なデータとなる。

	平均ロイヤリティ率（%）	平均営業利益（%）	利益に対するロイヤリティ率（%）
エレクトロニクス	4.5	8.8	51.2
半導体	2.5	29.3	8.5
テレコミュニケーション	5.0	15.9	26.7

ただし、大量の取引例をカバーするデータを入手することができても、全く同じ取引例を特定することはほぼ不可能である。必然的に、類似の取引例や業界標準などを利用して評価を始めることになるだろう。それから相対的な取引例と評価対象の試算の違いを考慮して、調整を行う必要がある。

上記で検討した「アイデア」を評価する際にこのアプローチを利用する場合は、分析方法は以下のようになる。

既に述べたように、相対的な取引例を利用して評価を始めるか、もしくは業界平均のロイヤリティ率を参照しなければならない。ここでは、市場でライセンスした知的資産は通常売上の2％から6％と評価されるものと仮定する。

	低	中	高
ロイヤリティ率	2％	4％	6％

この分析では、さまざまな評価基準を検討し、この例がこの範囲内で最高位にあるべきか、もしくは最低位にあるべきかを特定する。この種の分析に用いられる一般的な評価基準は、仮定的なスコアとともに以下に示される。なお、現実の分析においても、厳密な方法を用いるのではなく、技術・営業・知的財産部門のワークショップで得られた合意を基に、これらのスコアを算出することが多い。

---

[2] R. Goldscheider, J. Jarosz and C. Mulhern, 'Use of the 25 Percent Rule in Valuing IP', *Les Nouvelles*, Dec 2002.

第16章 知的資産の評価

	低	中	高
営業利益		■	
売り上げ	■		
製品・サービスの寿命		■	
投資レベル	■		
確定的な競争力	■		
確定的な技術力	■		
総計スコア		■	

　この場合は、分析によると、平均である売り上げの3％を少し下回るロイヤリティ率が算出される。このロイヤリティ率を、売り上げが活動あたり100万ポンドである前述の例に適用すると、活動あたり3万ポンドの値が出る。

　この収入を、資本コストとして8％割り引くと、アイデアの価値は、15.19万ポンドとなる。

　純粋な収入アプローチと同じく、リリーフ・フロム・ロイヤリティアプローチは、プレミアム価格・コスト削減・超過営業利益から値を出す知的資産の価値を検討するものである。

未完成の知的資産の評価

　実用性と適用方法が明確になる前に、知的資産を評価するほうがよい場合もある。この状況が最もよく起こるのは、大学と産業界とのライセンス交渉中である。

　未完成の知的資産がライセンスされる場合は、ライセンサー側は、将来的に知的資産の価値がより簡単に評価できるようになった時点でロイヤリティ額を合意することを、ライセンス契約書に明記するよう提案するとよいだろう。しかし、交渉が長引くと、ライセンシー側の利益に反することが多い。ライセンシーは、技術が確立された時点、つまりおそらくは既に膨大な時間と資金を開発に投資した後になって、交渉を開始しなければならないことを危惧している

165

のである。当然ながら、こうした状況では、ライセンサー側が非常に強い立場に立ち、ライセンシー側の立場は弱くなる。従って、通常ライセンシー側は投資を行う前に、ロイヤリティ率や、少なくとも評価方法に合意しておくことを望むだろう。

　近年、産業界が一定の期間内に、交渉を開始する権利を保持している場合には、大学が知的資産をライセンスするオプションを提供している。しかし契約が価値や評価方法を提案するものでなければ、これは業界側にとってあまり魅力的なものではない。前述と同じように、業界側の交渉立場が時間とともに弱くなっていくからである。

評価指標

　知的資産ポートフォリオと事業戦略の連携を、定期的にレビュー・報告するようにしなければならない。これには、以下の項目に焦点を当てた評価指標を用いるとよい。

- 知的資産の「役割」。ここでの評価指標は、事業の成功に関する特種な知的資産の重要性を評価するものである。例えば、市場に多くの交換可能な技術や開発にコストがかからない技術が存在すれば、通常特許の役割は限定されたものとなる。しかし、開発にコストがかかる技術ソリューションが市場に少ししか存在しない場合は、特許の役割はかなり重要なものになる。
- 知的資産の「実用性」。ここでの評価指標は、特定の知的資産が目的に合ったものであるか否かを評価するものである。例えば、特許が重要な役割を演じる事業では、範囲の広いクレームを持つ特許が大きな実用性を持つだろう。しかし、特許の役割が限られている場合は、その実用性も同様に限定されたものとなる。

　従って、特許の役割が大きいサービス・プロジェクト・製品には、実用性の高いパテントポートフォリオを作成することが理想的である。

逆に、特許の役割が限られている場合は、実用性の高いポートフォリオを維持するための支出が正当化される可能性は低くなるだろう。評価指標の不整合はすなわち問題点を示しているのである。

基本的に、知的資産が製品・サービス・プロジェクトの収益性に影響を与えるのは、以下4つのケースが考えられる。評価指標システムを開発する際には、それぞれのケースについて考慮する必要がある。

- コスト削減：例えば、製造・流通・マーケティングなど
- 売上増加：売上高、もしくは市場占有のスピード
- 実際に差別化される製品・サービス、もしくは差別化と思われるものに、プレミアム価格の適用
- 製造・流通・マーケティングのオプションが限定されることによる競合他社のコスト上昇

以下、特許や商標の役割と実用性を判断する評価指標を開発する際に、考慮しなければならない点の例を挙げる。

特許

特許の役割を判断する場合に考えるべき点とは、
- 特許で保護される技術の商業上の重要性
- 特許は、実際に競合他社・顧客・サプライヤ・流通の活動に与える商業的な損害を限定することができるか？
- 特許は、競合他社・顧客・サプライヤ・流通の活動を限定する最良の方法であるか？

既存の特許の実用性を判断する場合に考えるべき点とは、
- 登録すれば、特許は本当に障壁となるか？
- 強力な特許を獲得する可能性はあるか？
- 特許を実施することはできるか？

評価方法の市場アプローチと同様に、各評価指標の総体スコアは、営業・技術・研究開発部門のワークショップにおいて決定される。

ブランド

ブランド化の役割を判断する場合に考えるべき点とは、

- ブランド化は、この市場部門の価格に影響を与えるか？（もしくは、差別化された技術を基に製品は購買されているか）
- ブランド化は、この市場部門での売上高や入札成功率に影響を与えるか？（もしくは、価格・流通との関係などによって売上高が決まるか）
- ブランドが持ちこたえるのはどれくらいの期間か？（競合他社が新たなブランドを確立するのにかかる費用と時間は）
- 同じブランドの関連製品の売り上げはどれほどの重要性があるか？

既存のブランドの実用性を判断する場合に考えるべき点とは、

- 業界標準と比べ、利幅のレベルはどの程度か、またこのマージンはどの程度ブランド化の影響によるものか？
- 業界標準と比べ、売上高はどの程度か、またこの売り上げはどの程度ブランド化の影響によるものか？
- 業界標準と比べ、顧客の忠誠度はどの程度か（リピーターのレベル）、またこの売り上げはどの程度ブランド化の影響によるものか？
- ブランドが十分に確立されて複製を防止しているか、もしくは商標は登録されているか？
- 市場で変化が起こって、ブランドが損害を受けることはないか？

必要であれば、製品・サービス・企業をサポートするすべての知的資産に対し、この種の評価方法を適用してもよい。このデータは、以下に示す簡単な表に表される。

必ずしも厳密なスコアを出す必要はない。簡単な
高・中・低の評価で十分である。

知的資産	必要性	実用性	差別化力／実現力
特許	高	高	
商標	低	低	
製造ノウハウ	中	低	差別化力
流通ネットワークとの関係	高	低	実現力

「差別化力」「実現力」を明記しておくとよいだろう。

　大半の企業は、主要業績評価指標（KPI）をうまくシステム化しているため、これらの知的資産評価指標を必要に応じて加えるとよいだろう。

評価－最終考察
　厳密で標準化された方法を用いて、評価指標を利用したり知的資産を評価したりすれば、必ずキーとなる強み・弱み・機会・脅威を含めた事業そのものに対する理解が深まる。評価に係わってみれば気付くであろうが、この理解力の向上は、評価活動から得られる重要な副産物（もしくは主産物）なのである。

第17章　デューデリジェンス

　知的財産の分野では、「デューデリジェンス」とは、2種類の異なる活動を示すために使われる用語である。つまり、
- 計画中の合併・買収・投資に関してリスクを特定し、価値を確認するための調査
- 特定の製品・サービスの利用・販売・販売提示を妨げる第三者の知的財産権が存在しないことを確認するためのチェック。「フリーダム・フォー・ユース調査（Freedom for Use Review）」と呼ばれることが多い。

合併・買収・投資のデューデリジェンス
　このデューデリジェンスは、リスクが生じる資産や事象、もしくは計画中の取引の価値に影響を与える資産や事象に、主に焦点を当てるものである。

　ここでデューデリジェンスを開始する前に、ターゲットとなる事業や取引の目的を明確に理解することが必要である。そうすれば、正確に焦点を絞ったデューデリジェンスを実行することができる。焦点を絞らなければ、デューデリジェンスは単なる会計検査となってしまう。会計検査では、ターゲットの知的財産ポートフォリオ全体を列挙し、すべての資産が有効で、移転可能であることをチェックしなければならなくなる。

　事業が分割される場合は、買い手はまず、獲得した事業を運営するために知的資産を保護しなければならない。さらに、将来的に事業の自由な商業活動を制限するような権利を、売り手が維持していないことを確認しなければならない。同様に売り手は、残った事業を運営するためにそれらの知的資産を維持する必要があり、将来的に自社の自由な商業活動を制限するような権利を譲渡することはないだろう。売り手が譲渡する市場や技術、さらに売り手と買い手が競合相手となる市場や技術を明確に理解している場合にのみ、このような判定

を下すことができる。残念ながら、多くのケースではこの明確性が欠けているのである。

　図17.1には、ターゲットとなる事業の特性によって実行するべき4つの集中的な活動が示される。

　残念ながら、従来的にはデューデリジェンスを開始するのは買い手やその法律顧問であり、売り手に書面を発行して、大量の情報の受け渡しを要請する。極端なケースでは、すべての知的財産契約書や登録知的財産のコピーも含まれることがある。実際、定期的にデューデリジェンスを実行している企業の多くは、標準化したチェック表を作成し、最大の情報（注：質より量）を引き出すために用いている。このルートでデューデリジェンスを開始するのであれば、実行しても真の価値を引き出すことは難しいだろう。数少ないリソースが、この情報の収集・分類・分析に巻き込まれることになってしまう。

　よくある問題点としては、企業の主なデューデリジェンスに比べて、知的財産デューデリジェンスは、付属的なものとして扱われることである。代わりに、売り手による適切な知的財産保証が重要視されている。しかし保証を持って、適切なデューデリジェンスの実行の代わりとすることはできない。これは、包括的な保証が得られるケースは少なく、お粗末な保証しか提供されないことが多いためである。

　取引上、事業に関して決定力を持つ知的財産があれば、それを特定した後、以下に述べるタスクを実行するとよい。

第17章 デューデリジェンス

事業の特性		デューデリジェンスの焦点
将来的な事業目標を達成するために、一つの知的財産が持つ重要性とは？ 特に、 ● ターゲットは現在、そして将来において、大まかに関連している製品・サービス群を生産するか？そうであるならば、一つの知的財産に関する問題が、致命的な事業リスク、もしくは取引価値への影響をもたらす可能性は低い。	→	知的財産の管理方法を検討し、不十分な管理が、範囲内の製品・サービスに関して、その範囲に特有の知的財産問題につながっていないことを確認する。
● しかし、ターゲットが、限られた数の事業に関して決定力を持つ製品・サービスしか持っていないのであれば、基礎知的財産の質は、リスクと価値の両方に影響を与える。	→	キーとなる知的財産を特定し、その有効性や強さ、移転可能かどうかをチェックする。
取引には、明確な境界線が存在するか？事業が分割される際、分割対象の事業体が現在所有している知的財産がある場合、知的財産の特定と配分に、時間と資金を投資する必要がある。さらに、知的財産の配分に関する将来的な係争を解決するために、解決手順を合意しておくべきである。	→	取引に関連する知的財産を定義する方法を考案しなければならない。一般的な表現が使えないのであれば、個々の知的財産をリスト化する。どちらの場合でも、キーとなる知的資産を特定・リスト化し、移転可能かどうか調べる必要がある。
その取引は、数は限られるが、価値が高く、新しい市場機会を生み出すためのものか？	→	売り手と買い手のものを組み合わせた知的財産ポートフォリオの強さを調査し、譲渡されるキーとなる知的財産の有効性や有効期間、さらに移転可能かどうかを調べる必要がある。

図17.1　デューデリジェンスの焦点

特許

重要な特許がある場合は、以下の項目をチェックするとよい。

● 更新料が既に納付されていること；

- 正確な名称で登録されていること；
- 権利の実施や利用を妨げる第三者の権利が存在しないこと。例えば、共同所有権・政府の資金供与（この場合、国家が特定の権利を保持することになる）などによる権利；
- この取引、もしくは将来的な取引の一部として、権利譲渡や売却を妨げる取り組みが行われていないこと；
- 発明者が、既に実際の特許保有者に権利を譲渡していること；
- 特許の残りの有効期間が、事業目標と一致すること；
- 特許の範囲と出願プログラムが、必要な保護を供給するものであること；
- 特に競合他社によって特許が侵害されていないこと；
- 買い手が売り手にライセンスを許諾する必要があるか否か。

既存の活動、もしくは計画中の活動によって侵害してしまう可能性のある第三者の権利をチェックする必要もある。

商標

重要な商標がある場合は、以下の項目をチェックするとよい。

- 更新料が既に納付されていること；
- 正確な名称で登録されていること；
- 権利の実施や利用を妨げる第三者の権利が存在しないこと；
- この取引、もしくは将来的な取引の一部として、権利譲渡や売却を妨げる取り組みが行われていないこと；
- その商標が無効になる根拠が存在しないこと。例えば、利用していない、もしくは名称が一般的表現となることなど；
- その商標が適切なクラスや地域で登録されていること；
- その商標が侵害されていないこと；
- 買い手が売り手にライセンスを許諾する必要があるか否か。

著作権

　重要な著作権がある場合は、以下の項目をチェックするとよい。
- 知的財産権の実施や利用を妨げる第三者の権利が存在しないこと；
- この取引、もしくは将来的な取引の一部として、権利譲渡や売却を妨げる取り組みが行われていないこと；
- 著作者が、既に実際の特許保有者に権利を譲渡していること；
- 競合他社によってその著作権が侵害されていないこと；
- 保護期間が適切であること（この期間は通常著作者の没年から70年間であるため、大半の事業においては問題とならない）；
- 買い手が複製を保持する必要があるか否か、またそうであれば、その利用や第三者の利用をいかに統制するか。

ライセンス

　ターゲットが、今後も第三者からライセンスされた知的資産を利用する必要がある場合、以下の項目をチェックするとよい。
- ライセンス・ロイヤリティ規定・業績目標・契約終了規定や条件は、すべて買い手の事業計画に一致するものであること；
- ライセンスが有効であり、ライセンシー側は支払いを行っていること；
- ライセンスは譲渡することができるものであること、またライセンスが売り手によって保持されるものである場合は、権利を再ライセンスすることができるものであること；
- 買い手と売り手の両者がライセンスする権利を必要としていることを確認し、そうである場合は、これがライセンス契約において可能であるか否かを調べる。

　ターゲットの知的資産が、今後も第三者にライセンスされる場合は、以下の項目をチェックするとよい。
- ライセンス・ロイヤリティ支払予定・業績目標・契約終了規定や条件は、

ライセンシーが移転された事業と競合しないようにするものであること；
- 発生するロイヤリティが高額であれば、ライセンスが有効であり、ライセンシー側・ライセンサー側とも支払いを行っていることを保証するものを見つけること；
- ライセンスは必要に応じて許諾することができるものであること；
- サブライセンス能力が、新たな事業目標を損なうものではないこと。

機密情報

　機密情報を登録している企業はまれである。従って、事業に関して決定力を持つ情報やノウハウを特定することは特に難しい。

　ただし、機密情報にその価値があるならば、以下の項目をチェックするとよい。
- 現在、もしくは以前の従業員や受託業者は、公開されれば事業に影響を及ぼす知識を持っているか？そうであれば、守秘義務で彼らを拘束しているか、またこの義務は尊重されると思われるか？
- 守秘義務が守られなかった場合、取引の利益に大きな影響を与えるか？そうであれば、このリスクは取引を進めるにあたって、余りに大きなものであるか？
- キーとなる従業員は、取引の後も在職する可能性はあるか？そうでなければ、その従業員の業務を維持するか、もしくは黙秘を確保するための、適切な行動とは何か？

デューデリジェンス——フリーダム・フォー・ユース

　第三者の有効な知的財産権に反して製品やサービスを商業利用・販売・販売提示すれば、侵害行為を行っていることになる。この権利がライセンスによるものであっても、所有権によるものであっても、知的財産権の所有者は、この侵害活動を停止させることができる。また、所有者は、こうした商業活動を継続させるにあたり、対価としてロイヤリティを受け取ることもできる。

他の法律と同じように、知らなかったことを言い訳にはできない。侵害が行われたと見なされる場合は、侵害者がその第三者の権利を知っているか否かにかかわらず、法廷から損害賠償が言い渡される。

　自社の知的財産権が侵害されることをモニタリングするのは、その権利の所有者次第である。国家は全く援助してくれない。しかし、いったん侵害を特定すれば、所有者は国内や国際的な訴訟手続きを利用して、自社の権利を行使することができる。訴訟となり、侵害者が敗訴すれば、法廷は損害賠償を言い渡す。この場合、損害賠償額は侵害者が第三者の権利を知るに及んだ日ではなく、侵害が始まった日から起算される。ただし、訴訟手続きは不確定要素をはらんだものである。訴訟内容にかかわらず、被告側も原告側も、どのような判定や陪審が下されるのかは分からない。このため、また訴訟費用を抑えるために、侵害事件は示談で解決されることがほとんどである。

　第三者の知的財産権を侵害しないようにする際は、以下３つの領域を主に検討する必要がある。

- 第三者の著作権があるマテリアルを不正コピーまたは不正配布しないこと。
- 導入する知的財産に対して明確な権利、できれば永続する権利を確保していないのであれば、自社の技術や力に、他の企業から供給されたものが混ざらないようにすること。権利を確保していない状態で技術・力が混ざっているのであれば、第三者の許可なしに自社の技術を商品化することはできないだろう。
- 他の企業が、特許・商標・登録意匠など、自社の商業活動を妨げるような知的財産権を有していないことを確認すること。

　多くの企業は侵害の可能性を避けるため、積極的に第三者の知的財産権を調査している。こうした調査の焦点は、産業によってさまざまである。音楽業界や映画業界の場合は、楽譜・書籍・台本の著作権の確保をチェックすることなどが含まれる。

製造業者の場合は、第三者特許を回避することがチェックの中心におかれる。特許の場合は、以下2種類の活動が実施される。
- 特許モニタリング
- デューデリジェンス

特許モニタリング

定期的な特許モニタリング調査は、前回の調査以降に公開された第三者の特許を対象に、自社の技術活動や商業活動に応じて選択した検索パラメータを用いて実施される。発見した特許をチェックし、自社の現在の活動、もしくは計画中の活動を制限するか否かを判断する。特許モニタリングを数年にわたって実行している場合は、かなりの確信を持って、キーとなる技術の利用を妨げるような第三者の特許が存在しないという結果を出すことができる。しかし、このアプローチはデューデリジェンス（フリーダム・フォー・ユース）ほど厳密ではない。フリーダム・フォー・ユース調査は、プロジェクトの進化過程でキーとなる段階において実行されるのである。

フリーダム・フォー・ユース調査

産業プロセスや製品の場合、フリーダム・フォー・ユース調査が焦点を当てるのは、以下の項目となる。
- 第三者特許を調査すること
- 第三者の知的財産が許可なくインポートされていないこと

フリーダム・フォー・ユース調査を開始するケースを決定しておかなければならない。例えば、方針として、以下のような場合にフリーダム・フォー・ユース調査を実行することとしてもよい。
- ある技術へ莫大な投資を行う前
- すべての技術を商業利用する前
- 第三者に入札を行う前

このようなフリーダム・フォー・ユース調査を実行するか否か、またいつ実行するかについて決定する際に、評価基準を設けて利用するとよいだろう。評価基準には、以下の項目を入れるとよい。
- 現在の金銭の投資レベル
- その技術への金銭上の依存度
- 技術の成熟度、つまり多くの無関係の企業によって既に使用されているか否か
- その技術は、明らかに第三者の製品やサービスを発展させたものであるか否か

こうした評価基準を既存の事業プロセスに組み込んで、プロジェクトに対してフリーダム・フォー・ユース調査を実行するか否か、またいつ実行するかについて決定する際に利用してもよい。

フリーダム・フォー・ユース調査－プロセス

図17.2には、第三者特許のチェックによく用いられるプロセスが示される。

定期的なフリーダム・フォー・ユース調査を何年にもわたって実行してきたのであれば、調査対象になった技術のデータベースができているはずである。この調査が定期的に更新されるものであるとすれば、新しい要素のみを査定すればよいため、新たなプロジェクト・製品・サービスを調査する際に手間が省ける。

> プロジェクト・製品・サービスを、別々の技術要素に分解する。最新のフリーダム・フォー・ユース調査によってカバーされている技術は無視する。

↓

> 残りの領域について、公開特許を検索し、関連特許を特定する。この検索に利用するものは、
> - その技術を表すキーワード
> - 関連企業の名称
> - 公知となっている第三者の発明者名
> - プロジェクト・製品・サービスの各要素に関連する分類コード※
>
> 調査の進展に伴い、新たな検索パラメータが特定されるため、この段階では作業を繰り返すことになる。

↓

> 特許の名称と要約のみを利用して、まずふるい分けを行う。ここで、明らかにプロジェクトやサービスに関連性のない特許は省かれることになる。

↓

> それから残りの特許について、一般的に特許のクレームを参照して詳細な調査を行う。詳しい法的助言や法的解釈が必要になる場合もある。

↓

> この作業でプロジェクト・製品・サービスによって侵害される第三者特許を特定した場合は、以下のオプションを考慮する。
> - その特許の有効性に異議を申し立てる（根拠があれば）
> - 権利所有者からライセンス譲渡を図る
> - 特許を迂回して設計する
> - プロジェクト・製品・サービスを取りやめる

※特許庁は、技術・事業領域に対応して、それぞれの特許に分類コードを付記している。

図17.2　フリーダム・フォー・ユース調査のプロセス

質とコストの関係

　フリーダム・フォー・ユース調査に関する問題点の一つは、一つの作業にどれだけの時間と手間を使えるか検討することである。

　実際、どれだけの時間を費やしてフリーダム・フォー・ユース調査を実行しようと、関連第三者特許の有無を100%の確信を持って確認することはできない。支出を増やせばリスクは減るが、これ以上のコストを投入しても価値がな

いと思われる切り捨てポイントが存在するのは明らかである。

この「コストと質の関係」上の決定は、検索パラメータを検討する際に明らかとなる。例えば、調査用に特定された特許の数を減らすために、複数の検索語を組み合わせる必要があるか（例として、競合他社の全特許を調査するべきか、もしくは適切な分類コードを持つ特許だけを調査するべきか）？100%の信用性を持つ検索戦略はない。企業名・分類コード・技術説明を組み合わせた検索では、重要な特許を見過ごしてしまう確率が高くなる。つまり理想的には、フリーダム・フォー・ユース調査では、競合他社の全体的なパテントポートフォリオを調査するべきなのである。しかし多くの場合、この活動にかかるコストを正当化するのは難しい。

従って、フリーダム・フォー・ユース調査を実行する際には、必ずどこまで詳しく調査するのが適当であるか（コストのレベル）を検討する必要がある。そこで、「層アプローチ」を選択している企業もある。層アプローチは、キーとなる差別化技術と実現技術は詳しく調査し、それより周辺的な技術に対しては、より表面的な調査のみを行うものである。

また、評価基準を作成し、どこまで詳しく、もしくはどこまで広範囲に調査を行うかについての指針としてもよい。このような評価指標は以下のものを利用する。

1 公知となっていない第三者特許が存在する可能性

以下、公知となっていない第三者特許や他の権利が存在する可能性を示している。

| 新規性のある技術 | ← | 成熟度が高く、公式に展開されている技術 |
| 第三者のライセンス未取得製品やプロセスを基にしたアイデア | ← | 独立して開発された製品やサービス |

←　詳しいフリーダム・フォー・ユース調査を実行する必要性が高まる

2　その技術へのプロジェクトの依存性

プロジェクトが第三者の権利を侵害していることが分かった際に、他の技術に切り替えることが可能であるならば、少し厳密性を落として調査を実行するとよいだろう。

置き換えることが難しく、かつ決定力を持つ差別化技術	←	代替となる等価の技術が存在する

技術の変更が遅滞すれば、コストに大きな影響が出る	←	代替となる技術・ソリューションと短時間で交換可能である

詳しいフリーダム・フォー・ユース調査を実行する必要性が高まる

3　侵害の際の金銭的影響

侵害の際の金銭的影響と、このようなリスクを特定するための支出との間には、関係性が存在することは明らかである。

運営が停止すれば甚大な金銭的影響が出る	←	事業領域の収益性に対して、他の領域からの波及効果が低い

ロイヤリティ（法廷の裁定）額が低い	←	ソリューションによるコスト削減率が低い－そのため和解の際のロイヤリティ額が低い

詳しいフリーダム・フォー・ユース調査を実行する必要性が高まる

どこまで詳しくフリーダム・フォー・ユース調査を行うことが適当かを決定する際に、侵害を発見する可能性を考慮しておいてもよい。ただし、これは微妙な領域である。法廷は、侵害が第三者によって特定されて訴訟が起こされる可能性が高い場合にのみ第三者の権利を検索するような処置を行っている企業に対し、侵害が発見された場合は不利に動くことが予想される。

タイミング

フリーダム・フォー・ユース調査のタイミングを決定する際には、十分な注意が必要である。

開発プログラムの初期に調査を実施する場合には、設計が非常に流動的であり、検索・ふるい分け・解釈の焦点を定めることはできないだろう。また、プロジェクトが商業上、もしくは技術上の理由で終了する可能性が高い場合は、デューデリジェンスにかかる資金は無駄になってしまう。

しかし、フリーダム・フォー・ユース調査のコストと比例して、プロジェクトに高額の支出を行う前には、調査を実行するとよいだろう。また、第三者の権利情報は、詳細な設計を始める前に特定しておくべきである。

従って、プロジェクトの性質によって、フリーダム・フォー・ユース調査を以下のタイミングで完了させておくとよい。

- 技術の最終的な選択が行われる前；または
- 詳細な設計を始める前

一つのプロジェクトにおいて既に展開されている技術に関連した問題があると、フリーダム・フォー・ユース調査に危険性が生じる。既に展開されている技術で、さらに広範囲に利用されることになっているものを調査するか否か判断するのは、企業にとって特に難しいものである。

実験研究の侵害

英国の特許法では、名目上第三者特許を侵害していても、実験研究を実行することが許されている。ただし、2つの評価基準を満たす必要がある。

- 研究は、純粋に実験的（experimental）なものでなくてはならない。特許法に「実験的（experimental）」という用語の定義はない。代わりに、判例が適用される。このため、本書では決定的な助言を供給することができない。しかし、研究所規模の実験であれば、その発明の作用と実施方法を研究することができる。また、その技術が一般的な問題に対して適当なも

のであるか否かをチェックすることも許されるようである。ただし、許可が下りない事例としては、見込み客を対象に実証を行ったり、実際に発明を利用する方法を確認するため詳細な研究を行ったりすることである。
- この実験は特許の特徴に関連するものでなくてはならない。無関係の技術範囲で実験を行う場合は、特許化された技術を利用することは許可されない。

損害賠償

法廷が損害賠償額を決定する際には、2つの基本的な方法を用いる。
- 侵害の結果、知的財産権者が失った収益
- 侵害側の企業の収益のうち公正な取り分、つまり、少なくても妥当なロイヤリティを決定すること

また、損害賠償が以下の項目に基づいているか否かが判断される。
- 実際の収益、もしくは見込まれていた収益
- 侵害側の事業による全収益、もしくは侵害の結果として得られた収益の増分

最終分析として、訴訟の初期段階で特に陪審員制度の場合は、損害賠償額の決定方法を知ることは難しい。これが、侵害事件の大半が示談で解決している理由の一つである。

例として、
- 1985年、特許侵害訴訟で最大の損害賠償額が生じた事件で、米国連邦裁判所判事は、イーストマン・コダックがポラロイドのインスタント写真特許を侵害している旨の判決を下した。侵害損害賠償額の8億7300万ドルと、侵害対象カメラの市場取引に対して差し押さえが言い渡された。しかし、この訴訟は、訴訟で言い渡される損害賠償額について不確定要素を供するものとなった。これは、ポラロイドの請求額が120億ドル以下であり、金

融アナリストの予測額は、15〜20億ドルであったためである。[1]
- 2003年1月、米国地方裁判所は、アムジェンが、ロシュ・ホールディングとの契約から生じた係争について損害賠償を受け取る旨の判決を下した。係争点は、アムジェンのOrigen技術が、ロシュのElecsys臨床試験に利用されたことなどである。陪審員は契約違反を宣告し、結果、アムジェンはロシュとの契約を終了する権利と、Elecsys診断用薬の権利を得た。損害賠償額は5億500万ドルとなり、うち懲罰的損害賠償額は4億ドルであった。
- スチールケースは、ライバルのオフィス家具製造業者であるヘイワースに対し、2億1150万ドルの損害賠償を支払った。ヘイワースの仕切りスペースに用いられる配線済みのオフィスパネルに関する特許を侵害したためである。[2]この発明は、仕切りスペースに配線と電源を付けた壁パネルを配し、コンピュータを業務用デスクでコンセントを容易に差し込めるようにしたものである。特許係争は1979年に勃発し、最終的に1985年に訴訟となった。
- ジェローム・レメルソン氏は、米国最大規模の特許数を誇る発明者であり、その名を冠した特許数は約600件であった。同氏は40社以上の自動車・エレクトロニクス企業から総額5億ドルを獲得した。在世中、レメルソン氏は多くの持ち込み発明を提出し、また一方では自身の特許のライセンス化を検討していた。場合によっては、これらのアイデアはライセンス契約を検討せずに、受取人によって使用されていた。[3]
- フォナーは、日立とゼネラル・エレクトリックを、自社のMRI（磁気共鳴映像法）特許を侵害したとして訴えた。日立は早期にこの訴訟を解決したが、1997年陪審員はゼネラル・エレクトリックに対し、フォナーの特許を侵害しているため、1億2800万ドルを損害賠償として支払うように言い渡した。最初のMRIは、フォナーの発明者であるRaymond Damadian博士

1　New York Times, 1990年10月13日
2　Wall Street Journal, 1996年12月31日
3　Wall Street Journal, 1997年4月16日

と二人の大学院生アシスタントによって、約20年前に作成された。シーメンス・フィリップス・東芝・日立など各社に対し、多くの法廷闘争が繰り広げられた。[4]

証拠開示と非開示特権のある情報

　訴訟では法廷が、被告側に検討事項に関連する文書を提出するように要請する。これは訴訟において極めて重要な段階であり、ここで開示されたものによって、訴訟の勝負が決まる場合が多い。事務弁護士が非開示特権のある文書を特定し、それが全体的に保留してもよいのか、もしくは一部を取り除くことができるのかを検討する。この保留に関して以下３つの根拠が存在する。

- 法的に非開示特権がある場合。非開示特権のある情報には、法定代理人とクライアント間の通信が含まれる。さらに、法律顧問によって要請された情報も含まれる。ただし、この保護は訴訟が予想されるときにのみ与えられる。
- 自分に不利な判決を招くものである場合。ただし、これは限定された権利であり、民事訴追から保護されるだけである。
- 国の政策上の問題点がある場合。

　要請されるものには制限がある。これは訴追上の「法的な尋問」でなく、無関係な情報を求めるものでもない。証拠開示プロセスは、公開される情報や要請される情報を特定するもので、訴訟の中で最もコストがかかることが多い。

　情報を利用するためや、「強制捜査」を行うために裁判所命令を出してもらうこともできる。しかし、この措置が行われるのは、情報が破棄される根拠がある場合のみである。通常は、この措置なしで情報が収集される。

　会社側に幻滅した従業員からの情報も、起訴手続き上で情報が発生する重要なルートである。

4　Business Wire, 1997年10月

侵害者への通知

　これは難しい領域である。訴訟の警告を侵害者側に送る場合、その警告の根拠を正当化できないことが分かれば、侵害者が反訴する可能性が高くなる。警告が誠意を持って行われた場合でも、この可能性は存在する。他社に侵害していることを通知する手紙の文言は、最大限の注意を払って考慮すべきものである。弱気の文言では無視される可能性があり、強気の文言では、最終的に反訴されてしまうこともある。

　侵害行為と直接関係のないところに情報を渡す際には、特別な注意が必要である。可能であれば、流通や他の企業に書面で彼らのサプライヤが侵害行為をしている旨を告げることは避けるべきである。この場合、侵害の申し立てが是認されなければ、侵害を申し立てられた側の事業評価や売り上げに対する損害を取り戻すため、反訴される可能性がある。

付録　知的財産権

　既に述べてきたように、知的財産権とは法的な権利であり、国家によって付与されるものである。また、知的財産の不正使用を制限するものとなっている。英国の法律では[1]、特定の知的財産権の侵害は刑事犯罪となる。従って、Trading Standards（取引水準審査局）やCustoms & Exerciseといった機関から侵害者に対して刑事訴追がとられる。さらに民法は、個人や企業が、法廷訴訟を利用して自らの知的財産権を行使することができる基準を提供している。

　知的財産権を類別するには、2つの方法がある。特に、以下2つの項目によって、類別が行われる。

- 権利が自動的に付与されるものか、もしくは知的財産を関連当局に登録など法的プロセスによって付与されるものか。
- 権利保護は「使用」を妨げるものか、もしくは「複製」を防ぐためだけのものか（例えば、第三者が自社と同じ意匠の商品を生産している場合、実際にその意匠を複製したのであれば自社の意匠権のみが侵害されたことになる。意匠が独立して生産されたのであれば、侵害にはあたらない。しかし、特許が存在すれば、第三者は複製の有無にかかわらず、侵害行為において有罪となる）。

　図A.1は、この類別システムを利用し、知的財産権の6つの基本形態を表している。

1　知的財産法の基本事項は、大半の国々で共通しているが、地域によって違いもある。本章では、英国の法律における状況を説明する。

	権利が自動的に付与されるか？	使用、もしくは複製のどちらが防止できるか？
特許	いいえ	使用
登録意匠	いいえ	使用
著作権	はい	複製
意匠権	はい	複製
商標	はい－ただし付加権利が入手可能	使用
守秘義務措置	はい－ただし付加権利が入手可能	理論上は複製のみ

図A.1　6種類の知的財産権

　なお、「資産」の中には、複数の知的財産権で同時に保護されているものもある。例えば、一つの文書の中で、文章は著作権によって保護され、文章が説明するアイデアは特許によって保護され、フォントは意匠権によって保護され、ページのヘッダーは商標によって保護されることが可能である。

　最も基本的なレベルでは、大半の国々は知的財産保護に関して同様のシステムを持っている。しかし詳細なレベルになると、付与される権利の性質や法廷での権利の解釈法については、非常にさまざまなものがみられる。

　図A.2は、個人や企業が獲得できる知的財産権を要約したものである（かなり簡素化しているため、専門家向けではない）。本付録で、これらを詳述していく。

付録　知的財産権

	特許	登録意匠	商標	著作権	意匠権	守秘義務措置
保護範囲	プロセス・製品・組成物が保護される	装置の外見が保護される。その機能は保護されない	商品やサービスの由来を示すために使われる単語や記号（図形と呼ばれるもの）が保護される	レポート・音楽・絵画などの記号・形態によって、アイデアを表現したものが保護される	外見が保護される。機能は保護されない	秘密に受け取った情報が保護される
権利取得プロセス	複雑で高額、かつ長期的な登録プロセスによって権利付与	簡単で安価な登録プロセスによって権利付与	自動的に得られる保護もある。他の権利は登録プロセスによって付与	自動的に権利付与	自動的に権利付与	暗黙の守秘義務、もしくは契約守秘義務があるものである
侵害が起こる場合	複製でなくとも侵害となる	複製でなくとも侵害となる	商標が同じ市場で同じクラスと呼ばれる）の市販品やサービスで用いられた場合に侵害となる	複製が行われた場合にのみ侵害が発生する	複製が行われた場合にのみ侵害となる	明示的に合意された機密情報を使用する
権利付与は新規性に対するものか？	アイデアは新規性を持つものとされ、登録前に公開されてはならない	通常意匠は新規性を持つものとされ、登録前に公開されてはならない	商標は、以前に登録された他にクラスで活動する他の企業に使用されたりしてはならない	マテリアルが公開されていても保護が存在する	マテリアルが公開されていても保護が適任する	本質的に機密であるマテリアルに対してのみ保護が存在する
保護期間	保護期間は20年間であるが、更新料の支払いが必要である	保護期間は25年間	商標が使用され更新料が支払われる限り、保護期間は永遠に続く	保護期間は著作者の没後から70年間	保護期間は最初の市販から15年間、もしくは製造開始から10年間	明示的に合意がない限り、権利期限はない
コメント	大半の国々では、先願主義を採用、米国は先発明主義を採用		名称は商品やサービスの説明は登録されない			暗黙の守秘義務に依存するのは賢明ではない

図A.2　知的財産権の要約

191

特許

　特許は主として、プロセス・製品・組成物を記載した発明を保護するものである。特許によって、特許権者は他者が特許で記載した発明を利用、販売、もしくは販売提示しないようにする権利が与えられる。

- 特許を取得するためには、発明は新規性を持ち、産業上利用できるものであって進歩性を持つものでなくてはならない。大半の国々では審査プロセスがあり、発明がこの基準を満たしていることを確認している。
- 新規性が必要であることは、つまり特許保護を求める以前に発明が公開されていない、もしくは公有のものとなっていないことが必要である。
- 多くの場合、最初に特許出願を行った個人や企業に対して特許が付与される。必ずしも最初に発明を行う必要はない。ただし、米国は最初に発明した者に特許が付与されるシステムを持っている。
- 特許は地域性のものである。特許によって、特許所有者は、保護地域内で他者が生産・使用・導入・導出しないようにする権利を与えられる。
- いったん付与されれば、限定された期間内は特許保護が与えられる。ただし、固定期間中に料金を支払い、更新を行う必要がある。特許が放棄された場合は、権利が回復することはない。
- 特許化は高額である。一つの発明を約10カ国で20年にわたり保護を図るためには、通常企業は10万ポンドから20万ポンドを費やすことになる。
- 特許化プロセスの一環として、発明が公開される。これは欠点ともとらえられ、企業によっては特許保護を図るより、発明を企業秘密とするものもある。
- いったん付与されても、特許が無効になる可能性はある。無効になるのは、発明に新規性がなかった場合、産業上利用できるものでない場合、自明であった場合、もしくは手続きプロセスに不備があった場合（例えば、不適正な情報が特許庁に提出された場合）などである。

注：その所有者やライセンシーは、特許によってそこに記載される活動を実施

する権利を与えられるわけではない。特許には、第三者が特許化したアイデアを改良したものが記載されていることが多いためである。「改良特許」の所有者は、「基本特許」のライセンスなしではこの改良を実施することはできないのである。従って特許は、その所有者やライセンシーに他者の行動を止める権利を与えるものと考えられる。記載されている発明を実施する権利を与えるものではないのである。

　従って、企業は記載された発明を実行する権利を維持するためではなく、他者が発明を利用するのを止めるために発明を特許化するのである。

登録意匠

　この形態の権利は、装置の外見をカバーするが、その機能をカバーするものではない。特に、形・構成・パターン・装飾に対して保護が与えられる。この保護形態が最も有用な事業は、製品の外見が売上増加に決定的な影響を及ぼす消費者製品である。

- 特許の場合と同じく、保護を求める前に既に開示されていれば、この形態の保護は与えられない。ただし、保護が求められる地域で開示が行われている場合にのみこの制限が適用される地域もある。
- 法的保護を獲得するためには、意匠を登録しなければならない。しかし、登録は比較的簡単で安価なプロセスである。
- 保護は本質的に地域性のものである。
- 保護期間は25年間である。

著作権と関連の権利

　著作権は、出版・コンピュータソフトウエア・音楽など特定の業界で決定的な影響を持つ。

- レポート・線画・写真・絵画・ソフトウエア・音楽などの形態でアイデアが表現される方法に保護が与えられる。アイデアそのものではない（つまり、著作権は、第三者がレポートを複製することを止めるものであるが、

レポート内のアイデアは保護されない)。
- 権利は自動的に付与されるため、登録の必要はない。
- 複製が行われた場合にのみ侵害となる。
- マテリアルが公開されていても保護が存在する。
- 保護期間は、通常著作者の没年から70年間である。

著作権保護には2つの形態がある。
- 複製や放送などの行為を妨げる実用上の権利
- 著作者名が常にその作品と関連しており、作品の「高潔さ」が妨げられないようにしたモラル上の権利

コピー・ファックス・スキャンなどによる複製は禁じられているが、著作権は文書内の概念が抽出・使用されることを防ぐものではない。保護されるマテリアルの全体、もしくは「本質的な」部分を複製することは禁じられている。

しかし、保護されたマテリアルの本質的な部分とは何であるかに関しては、不確定要素が存在することが多い。この不確定要素が存在するのは、本質性とは量ではなく質の問題であり、資産のうち比較的小さな部分が複製された場合でも、著作権侵害が成立するためである。

ソフトウエアの場合、著作権は、プログラムの不正な複製とその翻案を防止するものとなる。ここでは、「実質的複製」も、「非実質的複製」も防止される。
- 実質的複製とは、単にコードを複製することである。
- 非実質的複製とは、プログラムの構造や雰囲気が複製されている場合である。

データベースも著作権と関連法規によって保護されている。これは、データベースの構造をカバーしている。

意匠権

　意匠権は著作権のように、意匠が創作された時点で自動的に保護が与えられるものである。また著作権と同様に、意匠の裏側にあるアイデアや概念の複製を防止するものではない。

　意匠権は、製品の形や構成に対して与えられるものである。繊維や壁紙の意匠など二次元的意匠は保護を与えられない。ただし、これらは著作権や登録意匠によって保護することができる。「普通、もしくは公知の意匠」に対しては保護が与えられず、また製品を機能的に収めたり、美観的に適合させたりするために存在する特徴に対しても保護は与えられない。

　市販開始から最初の5年間は、意匠権は不正な複製を防ぐものである。この期間後は、権利保有者はこの権利を欲する者にはライセンスの権利を与えなければならない。

　著作権とは違い、意匠権は英国国内でのみ有効である。

商標

　商品やサービスを区別するために使われる単語や記号(図形と呼ばれるもの)である。

- 商標は登録することができる。ただし、多くの国々で登録されていない商標の所有者を保護する法律が存在するため、必ずしも登録が必要なわけではない。しかし、登録すれば付加的な権利が与えられ、さらにその商標がまだ第三者に使用されていないことがチェックされる。
- 登録商標は、販売される商品の説明であってはならない。
- 本質的に保護は地域性のものである。しかし他の知的財産権の形態とは異なり、特別な市場部門(クラスと呼ばれる)の中でのみ保護が与えられる。従って、市場がオーバーラップしていない場合は、別々の企業が全く同じ商標を使用している可能性もある。
- 登録商標は、料金を支払うことで無期限に更新することができる。料金を支払わずに商標が放棄された場合でも、権利を再び獲得することができる。

ただし、再度登録プロセスを踏まなければならず、他の企業がその商標を申請していない場合に限られる。
- 登録商標は、使用されていなければ無効になる可能性がある。従って、企業が商標を獲得・維持するためには、商標が使用されている証拠を提出する必要がある。

　三次元の図形・製品の形・包装のスタイルはすべて、商標として登録され、保護されるものである。しかし、その形が革新的な意匠であり、自社の提供物に特有のもので、単に製品の機能性からきたものではない場合にのみ、商標出願は成功を収めるのである。
　従って、登録意匠を取っても、商標を出願してもどちらでも保護を図ることができる場合もある。多くの場合、登録意匠が好まれるオプションである。これは、獲得するのに安価で時間がかからないためである。しかし、登録を図る前に開示されている場合は、意匠登録を拒否される。この場合は、商標が唯一のオプションとなるのである。

守秘義務違反法
　守秘義務違反法は、機密であるマテリアルを保護するものである。基本的に法規では、受領者は守秘義務の下に受け取った機密情報を、許可なしで利用することはできないとしている。しかし、マテリアルがその所有者、もしくはその代理人によって公有のものとされた場合には、もはや機密ではないため保護は与えられない。
　通常2組の当事者が、特定の情報を特定の目的のために公開するとした正式な契約を締結する際に、守秘義務が発生する。さらに、機密情報の移転によって、正式な契約がなされなくても暗黙の守秘義務が生じる場合もある。しかし、このような暗黙の守秘義務に依存するのは賢明ではない。代わりに、情報を移転する際は常に権限を付与する契約を締結するべきである。
　さらに、すべての従業員はその雇用者に対して守秘義務があり、またコンサ

ルタントはそのクライアントに対して守秘義務がある。こうした義務は、雇用契約やその他の契約によって補強されるものである。雇用契約書に明示的な文言がなければ、元従業員が、自分の「通常のスキルと知識」を競合他社に渡したとしても何ら問題にはならない。

ただし、従業員の権利は、企業秘密を使用するまでには拡大されていない。企業秘密は、公開されればその所有者に損害を与えるような知識であると解釈することができる。残念ながら、どの知識が企業秘密で、どの知識が従業員自身のスキルと見なされるのか、明確に定義することは難しい場合が多い。従業員が機密とされている情報を複製して、自身の記憶を補ったとすれば、これは通常秘密漏洩と見なされるだろう。

ソフトウエア

ソフトウエア開発者に与えられる主な保護は、著作権法規によるものである。これによって、不正なプログラムの翻案や、プログラムの「本質的な」部分の複製を防止することができる。
ここでは、「実質的複製」も、「非実質的複製」も防止される。
- 実質的複製とは、単にコードを複製することである。
- 非実質的複製とは、プログラムの構造や雰囲気が複製されている場合である。

コードそのもの・プログラムの構造・ユーザインターフェイスの機能性には保護が与えられる。しかし実際には、プログラムの構造や雰囲気が単独で作成されたのではなく、複製されたものであることを示すのは難しい。問題となる2つのプログラムの構造と雰囲気が類似しており、明らかにプログラムを設計する方法が多数存在する際には、法廷は複製が行われたと判定する場合が多い。プログラムの裏側にある基本概念やアイデアは著作権では保護されない。アイデアを表現したもののみが保護される。実際に、アイデアとそのアイデアを表現したものを区別するのは難しい場合が多い。従って、法廷がどのような判決

を下すのか不確実な場合もある。

　一般的には、法廷が、著作者の作品を明らかに不正使用している企業に有利な判決を下すケースは少ない。しかし、アイデアを表現する方法が一つしか存在しない場合は、原告側が複製されたものはアイデアではなくアイデアを表現したものであると議論するのは難しい。外見や構造が、プログラムが処理するタスクに欠かせないものである場合は、保護が与えられることはない。

　なお、フローチャートや明細書など準備や中間処理的なものも、著作権によって保護される。

　企業のコンピュータコードの大規模かつ不正な複製に対する法廷の対応は、多少疑問が残るところである。構造や外見が複製された他の例では、法廷の対応に関してかなりの不確実さが存在する。訴訟では必然的に、個々の訴訟の事実に基づいて決定がなされるのである。

　米国ではソフトウエアは、新規性と進歩性を持ち、「有用、具体的、かつ実体のある」結果をもたらすものであれば特許化することができる。日本でも同様の姿勢がとられている。

　欧州では伝統的に、コンピュータプログラム「そのもの」は特許化することができない。コンピュータプログラムが機械やプロセスに組み込まれており、そのシステムやプロセスが特許可能である場合にのみ、特許保護が与えられる。しかし、近年はこの姿勢は軟化しており、プログラムと実行されるコンピュータ間での「普通の」物理的相互作用を超える「技術的効果」を持つものであれば、コンピュータプログラムも特許可能である。このような技術的効果は、コンピュータプログラムが機械を制御しているのであれば、当然存在するものである。ただし技術的効果は、コンピュータシステムリソースの制御も含むものと解釈される。

図面リスト

図1.1	統合型知的資産マネジメントにおける6つの要素	2
図2.1	知的資産マネジメントとナレッジマネジメントの統合	7
図3.1	知的資産戦略、知的資産プロセスと知的資産計画の役割	11
図3.2	さまざまな製品・サービスを下支えする差別化力と実現力	13
図3.3	知的資産戦略は、プロジェクト・製品・サービスのレベルまで影響を与える	14
図3.4	企業における知的資産戦略大綱	17
図5.1	知的資産チェックボックス	34
図7.1	目標と課題	39
図7.2	知的資産計画の質を評価するための評価指標	41
図7.3	知的資産指標の例	42
図8.1	焦点を盛り込んだナレッジマネジメント	48
図8.2	ナレッジマネジメントのシステム図	50
図8.3	ナレッジマップの継続的進化	55
図8.4	ナレッジマネジメントと現存のシステムの統合	56
図10.1	特許マネジメントのシステム図	68
図10.2	特許化技術をインデックス化し説明するデータベース	71
図11.1	例：知的財産部門向け知的資産マネジメント指標	89
図12.1	プロジェクトレベルの知的資産計画：その主な要素	92
図12.2	特許の意思決定における課題	100
図13.1	統合型知的資産マネジメントにおける6つの特徴	107
図13.2	通常の経営統制を経た知的資産の内部ライセンス	119
図13.3	知的資産移転の承認	120
図15.1	背景となる知的財産の評価	152
図17.1	デューデリジェンスの焦点	173
図17.2	フリーダム・フォー・ユース調査のプロセス	180
図A.1	6種類の知的財産権	190
図A.2	知的財産権の要約	191

索　引

[あ]

アムジェン………………………………………… 185
暗黙知………………………………… 47-49, 53, 54, 152

[い]

イーストマン・コダック………………………… 184
意思決定………………………… 2, 29, 60, 108, 112, 121
意思決定の樹形図…………………………… 158, 159
移転価格……………………………… 35, 116, 119, 163
移転価格税制……………………… 109-112, 116, 117, 128

[う]

迂回設計…………………………………………… 137

[え]

エスクロー（＝預託）…………………………… 137, 138

[お]

オントロジ………………………………………… 50

[か]

会計条項…………………………………………… 145
海賊版……………………………………………… 101
改良発明条項……………………………………… 145
カスタマーサービスアドバイザー…………………… 52
カプラン氏………………………………………… 43

[き]

期間条項…………………………………………… 145
技術コンピテンシー……………………………… 38
技術プッシュ……………………………………… 131
技術ライセンス契約……………………………… 130
機密情報………………………………………… 61, 176
機密保持契約……………………………………… 120
キャッシュフロー…………………………… 132, 157, 160
業界収益率………………………………………… 161
業界標準………………………… 9, 17, 18, 94, 132, 164, 168

[く]

クアルコム………………………………………… 125
グランドバック条項……………………………… 146
グランドフォワード条項………………………… 146
グループ内契約…………………… 108, 109, 114, 116
グループ内ライセンス…………………………… 116
クロス・ビジネス領域…………………………… 54
クロスライセンス
　……………………… 17, 69, 76, 78, 94, 110, 126, 130, 132
金銭的評価………………………………………… 156
禁無断複写………………………………………… 62

[け]

形式知…………………………………………… 53, 54
契約………………………………………………… 141
契約終了条項……………………………………… 149
ゲート評価基準………………………………… 32, 33
ゲートミーティング…………………………… 31-33

[こ]

更新手数料………………………………………… 88
公正取引…………………………………………… 63
コカ・コーラ……………………………………… 126
国内段階移行……………………………………… 77
コストアプローチ………………………………… 162
コストトラッキング……………………………… 88
コミュニティ・オブ・プラクティス…………… 51
コンピテンシー……………… 10, 37, 38, 42, 48, 56
コンプライアンス…………………………… 3, 26, 27

[さ]

最低交渉ライン……………………………… 136, 137
最低支払額………………………………………… 136
サイバースクワッター…………………………… 103
最優遇条件………………………………………… 145
サブライセンス…………………… 134, 136, 143, 176
サプライチェーン………………………… 13, 35, 93, 133

索 引

サプライチェーンマネジメント（＝SCM）……　1, 15
差別化力……………………………………　13, 16
サン・マイクロシステムズ………………………　126

[し]

シーメンス……………………………………　186
ジェネリック医薬品…………………………　105
ジェローム・レメルソン氏…………………　185
事業戦略………………………………………　40
資金調達………………………………………　75
資産の移転取引……………………………　116
市場アプローチ……………………………　161
市場ニーズ…………………………………　131
市場プル……………………………………　131
システムダイアグラム…………………………　49
示談……………………………………　177, 184
実験研究の侵害……………………………　183
実現力………………………………………　13, 16
実施許諾……………………………………　142
社内事業プロセス…………………………　44, 45
収入アプローチ……………………………　157
重要成功要因（＝CSF）………………………　43
守秘義務……………………………………　176
主要業績評価指標（＝KPI）……　4, 43, 44, 89, 155, 169
純現在価値（＝NPV）……………………　159, 160
ジョイントベンチャー………　12, 95, 110, 127, 130, 132
使用許諾契約……………………………　116, 117
証拠開示……………………………………　186
商標戦略………………………………………　19
商品化プロセス……………………………　74, 75
正味販売価格（＝NSP）……………………　130
侵害条項……………………………………　148
新規事業支援センター
　　（インキュベーションセンター）………　127
新聞ライセンス協会……………………………64
進歩性…………………………………………70

[す]

スチールケース……………………………　185
ステージゲートプロセス………………………　30
スピンオフ企業……………………………　74, 75

スポンサーシップ……………………………　114

[せ]

製造物責任…………………………………　137
節税…………………………………………　116
説明条項……………………………………　141
説明責任………………………………………　23
ゼネラル・エレクトリック……………………　126, 185
先行技術……………………………　70, 98, 100
専用実施権…………………………　142, 144, 148, 152

[そ]

層アプローチ………………………………　181
ソフトウエア計画……………………………　100
損害補償……………………………………　147
損害賠償……………………………………　184

[た]

対価条項……………………………………　143
第三者情報……………………………………　63
ダウ・ケミカル…………………………　18, 84, 126
タクソノミ………………………………………　50
多国籍企業…………………………………　26, 111
脱税………………………………………　109, 116

[ち]

知識資産（＝ナレッジアセット）…　48, 50, 53-55, 67
知的財産………………………………………　2
知的財産部門…………………………………　83
知的資産………………………………………　2
知的資産価値………………………………　155
知的資産計画…………………………………　91
知的資産指標…………………………………　42
知的資産評価指標…………………………　169
知的資産部門…………………………………　83
知的資産ポートフォリオ……　1, 4, 18, 19, 42, 46,
　　　　　　　　　　　83, 84, 107, 109, 113, 119, 166
仲裁…………………………………………　149
超過営業利益…………………………　157, 165
調停…………………………………………　149
著作権ライセンス協会………………………　64

201

[つ]

通常実施権 ･･････････････････ 142, 148, 152
通常割引率 ･･････････････････････････ 159

[て]

低課税地域 ･･････････ 109, 110, 111, 113, 114, 116
定型条項 ･･････････････････････････ 150
定義条項 ･･････････････････････････ 142
出来高払い ･･････････････････････ 135, 136
デコンパイル ･･････････････････････ 100, 101
デューデリジェンス ･･････････････････････ 171
デュポン ･･････････････････････････ 125

[と]

統合型アプローチ ･･････････････････････ 1
東芝 ･･････････････････････････････ 186
独占的通常実施権 ･･････････････････････ 142
独立企業間価格 ･･････････････ 109, 112-115, 117
特許 ･･････････････････････････････ 167
特許委員会 ･･････････････････ 11, 24, 67, 71, 122
特許協力条約（＝PCT）･･････････････････ 76, 77
特許計画 ･･････････････････････････ 97
特許更新エージェント ･･････････････････ 88
特許戦略 ･･････････････････････････ 19
特許マネジメント ･･････････････････････ 77
特許モニタリング ･･････････････････････ 178
トムソン ･･････････････････････････ 125
ドメイン名 ･･････････････････････ 102, 103
トルゲート戦略 ･･････････････････････ 98

[な]

内部収益率（＝IRR）･･････････････････ 161
ナレッジ・ギャップ ･･････････････････ 54
ナレッジ戦略 ･･････････････････････ 53
ナレッジ調査 ･･････････････････････ 53
ナレッジデータベース ･･････････････ 11, 47, 49
ナレッジマップ ･･････････････････ 47, 55, 95
ナレッジマネジメント ･････････ 7, 34, 42, 45, 47-53, 56, 57, 67, 72, 92, 95
ナレッジマネジメントプロセス ･････････････ 47

[に]

入札プロセス ･･････････････････････ 60

[の]

ノウハウ・ギャップ ･･････････････････ 53
ノートン氏 ･･････････････････････････ 43

[は]

ハーレーダビッドソン ･･････････････････ 126
ハウスマーク ･･････････････････ 10, 12, 21
発明者報酬制度 ･･････････････････････ 72-75
発明提案書 ･･････････････････････ 70, 71
発明の開示 ･･････････････････････････ 80
パテントバスティング ･････････････････ 94, 97
パテントポートフォリオ
 ･･････････････ 34, 67, 68, 71, 76, 115, 166, 181
パテントマイニング ･･････････････････ 133
パテントレビュー ･･････････････････････ 71
パブリシティ ･････････････････････････ 20
パラメータ ･･････････････ 33, 78, 146, 178, 180, 181
バランス・スコアカード ･････････････････ 43, 44

[ひ]

非開示特権 ･･････････････････････････ 186
ピケットフェンス戦略 ･････････････････････ 98
日立 ･･････････････････････････････ 185, 186
秘密保持義務 ･･････････････････････ 60
秘密保持条項 ･････････････････････････ 146
ヒューレット・パッカード ･･･････････････ 126
評価 ･･････････････････････････････ 155
評価指標 ･････････････････････････ 166

[ふ]

フィリップス ･････････････････････ 18, 186
フィンガープリント法 ･･････････････････ 101
フォナー ･･････････････････････････ 185
プライスウォーターハウスクーパース ･･･････ 5
ブランド ･･････････････････････ 102, 168
フリーダム・フォー・ユース ･･ 102, 176, 178-183
ブレーンストーミング ･････････････････ 94

プレミアム価格	20, 157, 165, 167
フローダウン規定	117
フロントエンドローディング	29

[へ]

ヘイワース	185
ベルサウス	126
ベンチマーク	128

[ほ]

防衛出願	98
防衛特許	69
報酬	72
法定代理人	186
ボーイング	126
保証責任	147
保有専門カンパニー	111
ポラロイド	184

[ま]

マイクロソフト	126
マネジメントプロセス	4

[も]

持ち込み発明	79, 80

[ら]

ライセンス	17, 125-139, 141
ライフサイクル	30, 33, 70, 77, 99

[り]

リバースエンジニアリング	12, 69, 100
リリーフ・フロム・ロイヤリティアプローチ	163

[る]

累積割引率	160
ルーセント・テクノロジー	125, 126

[ろ]

ロシュ・ホールディング	185

[わ]

和解	148, 149, 182

[B]

BT	18
British airways	20

[C]

CLA	64
CPA	88

[D]

Dennemeyer	88

[E]

easy Jet	20

[I]

IBM	18, 125, 126
IP.com	80

[N]

NLA	64

[P]

P&G	126

[S]

Sony	20
SWOT分析	24, 27, 53, 56

[Y]

yet2.com	134

翻訳監修者プロフィール

田中 義敏（たなか よしとし）
- 最終学歴：東京工業大学大学院原子核工学専攻修了
- 職　　歴：特許庁、科学技術庁、日本テトラパック㈱知的財産部長等を経て、現在、東京工業大学大学院イノベーションマネジメント研究科技術経営専攻准教授／弁理士（特定侵害訴訟代理業務付記登録）
- 主な著書：知的財産 基礎と活用（朝倉書店）、特許の真髄（発明協会）、企業経営に連携する知的財産部門の構築（発明協会）など

津野 孝（つの たかし）
- 最終学歴：福井大学大学院繊維工学専攻修了
- 職　　歴：特許庁審査官・審判官、電子計算機業務課総括機械化専門官、通商産業省生活産業局総務課、東和国際特許事務所所長・弁理士、国際知的財産保護協会会員
- 主な著書：Treatment for Synthetic Fiber（FUKUI UNIVERSITY）、繊維産業に関する技術資料（繊維工業構造改善事業協会）

榊原 良一（さかきばら りょういち）
- 最終学歴：中央大学法学部法律学科卒業
- 職　　歴：㈱海外特許情報センター、㈱インターテックを経て、現在㈱ワイゼル代表取締役
- 主な著書：ヨーロッパ特許庁調査局（EPO-DG1）特集、スエーデン特許庁特集

翻訳者プロフィール

屋代 菜海（やしろ なみ）
- 最終学歴：バース大学大学院翻訳通訳科修了
- 職　　歴：㈱ワイゼル翻訳センターに入社。同社退社後、フリーランス翻訳者として独立
- 主な著書：ベッカム：マイサイド（扶桑社）

佐々木 一（ささき はじめ）
- 最終学歴：日本大学理工学部航空宇宙工学科卒業、東京工業大学大学院イノベーションマネジメント研究科技術経営専攻在学中
- 職　　歴：中菱エンジニアリング㈱にて、航空機の電装システム設計を担当
- 主な著書：中国知的財産白書2006-2007（サーチナ）

統合化された知的資産マネジメント
組織の知的資産を活用、保護するためのガイドブック

This Translation of Integrated Intellectual Asset Management is published by arrangement with Gower Publishing Limited

---

2007（平成19）年11月29日　初版発行

原著者　　スティーブ・マントン

翻訳監修　田中　義敏

Copyright © Gower Publishing Limited 2006

Translated by Yoshitoshi Tanaka

発　　行　　社団法人　発明協会

発　行　所　　社団法人　発明協会
所在地　〒105-0001 東京都港区虎ノ門2-9-14
電　話　03-3502-5433（編集）
　　　　03-3502-5491（販売）
FAX　03-5512-7567（販売）

乱丁・落丁本はお取り替えいたします。
ISBN978-4-8271-0887-3
印刷　株式会社丸井工文社　Printed in Japan
本書の全部または一部の無断複写複製を禁じます（著作権法上の例外を除く）。